Can be done in 15 minutes on a weekend morning.

朝15分からできる!

人生が変わる!

週末アウトプット

株式会社朝6時 代表
池田千恵

日本実業出版社

PROLOGUE

アウトプットの質が
あなたの人生の質になる

「素」のままで仲間が増える「アウトプット」を始めよう

この本は、数年先ですらどうなるかわからない不安で不確定な時代に、未熟なまま、チャレンジの途中でも、格好悪くてもかまわずに、自分の考えや想いをアウトプットできるようになる本です。**この本で紹介しているアウトプット法を学べば、理解され共感され、協力者が増え、仲間とともに楽しく人生を過ごせるようになります。**誰もが本心のまま生き、行動し、ありのままの状態で受け入れられる世の中になることを願い、書きました。

「**アウトプット**」からイメージすることは人それぞれです。多くの方の頭にパッと思い浮かぶのは、「うまく発表する」「わかりやすく伝える」「きれいにまとめる」といったものだと思います。

アウトプットの一種であるコミュニケーションや話し方、プレゼンテーションについて学ぶ方法はたくさん世に存在していますし、アウトプット全般を網羅する「大全」として一冊の本にまとめられ、ベストセラーにもなっています。多岐にわたる意味で、さまざまな使い方をされているのが「アウトプット」です。

このように多くの意味を内包する「アウトプット」を、本書では次のように定義します。

「あなたの考えや活動を誰かに知ってもらい、協力を得られるようにするための働きかけ全般」

つまり、この本で学べるのは、自分自身の「中身」をどうアウトプットするかの方法論です。

具体的には、**自分自身の考えや経験を、「あうん」の呼吸で知ってもらっている仲間から広げて、一歩越えた先にまで伝える方法を「書く」「話す」「作る」「動く」に分けて具体的に解説します。**

「書く」とは、自分が感じたこと、思っていることをPCやノートに書き出して整理したり、SNSなどを通じて自分以外の人に文章を見られる状態にしたりすることを指します。

「**話す**」とは、会議やプレゼン、友人や家族との会話などで、自分が考えていることを端的にわかりやすく、かつ熱量を持って伝え、コミュニケーションを取ることを指します。

「**作る**」とは、書く、話すをベースとして、自分のコアとなる主義や主張、理念（本書ではこれを「**だし（出汁）**」と呼びます）を言語化し、周囲に役立つ形で発表できる状態まで作りあげ、最終的にはマネタイズ（収益化）できることを目標に活動の準備をすることを指します。

「**動く**」とは、いざ行動に移すときに生まれる怖さを乗り越え、一歩踏み出しチャレンジし、その結果をもとに検証や修正を続けていくことを指します。

本書を読み、「書く、話す、作る、動く」を実践することで、自分がこれまで生きてきた歴史や想いや経験を、あなたの頭の中や、身内、親友など関係性が近い人だけが知っている状態にとどまらず、多くの方に知ってもらうことができるようになります。

うまくまとめることはAIに任せ、自分の「中身」を外に出す

私は自分の「中身」のアウトプットは、AI時代に必要不可欠だと考えています。あなたの考えていることを自分の「外」に出せさえすれば、AIでそれなりにまとめ、わかりやすい表現に直し、うまく伝わる工夫をすることはすぐできるからです。

いままで私たちがイメージしていた「うまく発表する」「わかりやすく伝える」「きれいにまとめる」といったことは、AIのほうがずっとうまくできます。

しかし、あなたが何を考え、どんな経験をしてきて、これからどうしたいかといった、あなたの根源となる想いに関しては、まずはいったん、あなたの体の外にアウトプットしないと、誰にも、AIでさえもまとめることはできないのです。

本書では、すでに世の中にあるものをアウトプットする方法ではなく、あなた自身の考えや、過去の経験、未来への希望をアウトプットする方法を紹介します。

なぜなら、ＡＩ時代に必要なのは、あなたがどんな経験を経て、どんな信念を持っているか、これからどんなことをしていきたいか、つまり、**あなたの「中身」をしっかりとアウトプットすること**だからです。

検索したりＡＩに質問したりしてたどり着く答えは、すでに過去、誰かが作ってきたものです。しかし、今後、私たちが磨いていくべきは、困難な問題をどんな工夫で乗り越えてきたかという「経験」や「想い」と、その経験をいかに周囲にもできる形にしていくかという「言語化・共有化能力」です。そして、自分の「中身」は地球上の人類の数だけあります。誰ひとりとして全く同じ経験をした人はいないのです。つまり、一人ひとり、完全オリジナルな存在です。

単に読みやすい、わかりやすい文章を書くだけの能力を磨くのであれば、その能力はＡＩに駆逐されてしまうかもしれませんが、**あなたが世の中をどう見て、どう考えて、どう行動に移すかのアウトプットについては、ＡＩには絶対に真似できない**のです。

つまり、**自分の「中身」をアウトプットすることは、生き様をアウトプットすることにつながります。**本書を活用して、いままで無形だった経験を形にしていきましょう。

不安や弱さこそ最高のアウトプット

「生き様のアウトプット」というとぎょうぎょうしいし、大げさで、私にはできない、難しそう、と思われるかもしれませんが、大丈夫です。

実は、**自分にとって「大したことない」と思っている経験ほど、周囲にとって価値があるものです。**

本書の内容を実践して、いったんアウトプットして反応をもらうと「え、そんなことでいいの？」と拍子抜けするかもしれません。自分の中で当たり前すぎてアウトプットすら忘れているから、周囲がその価値に気づいていないだけなのです。

不安や弱さこそ最高のアウトプットです。なぜなら、弱さを見せられるということは、「私はここが苦手で、できない」と、自己理解ができている証拠だからです。

また、**苦手なことを全部克服しようと思わなくてもOKです。**

あなたの「苦手」は、誰かの「得意」です。「できない」と、自分の弱さや限界をアウトプットできるようになれば「私もそうだったんだよ」「頑張ろうね」と共感してくれる人も現れますし、「それなら私が得意だから手伝うよ!」という人が現れます。

へこんだピースを埋めるかのように、あなたの苦手なことが得意な協力者が現れます。つまり「私はこれが苦手」「私はこうされるのは嫌」だって、立派なアウトプットなのです。

ですから、いままでのあなたの積み重ねを、みんながわかる形にしていきましょう。

自分には何もないと思っても、生きてきた中で得た考えは、あなただけのものです。

もしもいま、誰にもわかってもらえない、どうして伝わらないのだろう、とくすぶった感覚を持っているとすれば、それはあなたのアウトプットの方法が間違っているだけです。

アウトプットの方法を変えさえすれば、望む未来はすぐそこにあります。

本書で紹介するアウトプット方法を身につけ、何度も練習をしていくうちに、あなたのことをまるで身内のように思ってくれ、あなたを理解してくれ、応援してくれる人が増えます。孤独感は少しずつ消え、まるで家族が拡張したかのように、あたたかい愛に包まれる感覚を味わえることでしょう。

「自分商品化」は副業やリスキリングにも役立つ

アウトプットには心理的なメリットだけでなく、実益もしっかりあります。

アウトプットは自分のいままでの活動にどういった価値があるかを周囲に確認してもらう作業です。

会社員を長く続けていくと、自分の会社の商品がいくら、とか、自分の月収はいくら、ということはわかっても、一つひとつの仕事がいくらになるかを考える時間はありませんよね。家で担っている家事も、実際に外注したとしたら相当な金額になると思いますが、自覚なく毎日「名もなき家事」を繰り返しています。

副業や起業を目指す方はもちろんのこと、いまは会社でしっかりと地に足をつけようと頑張っている方も、子育て中心で主婦（主夫）歴が長い方も、**自分の仕事に値づけをしていくことが重要になります。**

いずれ副業が当たり前になったり、定年の年齢が延長になったりしたとき、または、その時点での給料や年金では足りないからプラスアルファを稼がないといけない状態に突然なったとき、慣れないことを始めて軌道に乗せるのは時間がかかりますよね。

いまのうちから自分の中身をアウトプットし、周囲からの反応を得ることで、自分には何ができて、どんな価値があり、それがいくらになるかといった市場感覚が磨かれます。

自分を適切にアウトプットできると、周囲から自然に「困っているから助けて」「こういうことができますか？」と求められ、感謝され、いずれお金をいただくことも増えます。つまり、**自分の価値に自分で値段を決める経験が増えます。**

経済産業省は、AIの進化や急激に変化する世の中に対応する人材を育てるべく、職業能力や知識を再編成・再教育する「リスキリング（Reskilling＝学び直し）」を推進しています。**リスキリングは「やれ！」と言われてやるものではなく、自ら学ぶ必要性を感じて学んだほうが効果が高いです。**

アウトプットした結果、新たに勉強したいことも増えてくるので、会社から強制的にリスキリングしろと言われなくても、自主的にインプットする意欲が湧いてきます。

人生がすべて学びにあふれる経験に思えてきて、見える景色も変わってきます。

いまの仕事がつらい、とか理不尽な目にあっている、というのは、嘆くべきことではなく逆にチャンスだ！ と感じることができます。 いまの経験をどうやってアウトプットのネタにしてやろう、と意識が変わるので、何事にも貪欲になれます。

そして、そういう視点で仕事をすると、不思議なことに、いつのまにか出世したり転職が成功したりします。そういう人たちを私は、主宰している「アウトプット」を実践するコミュニティ **「朝キャリ」** で多く見てきました。

「朝キャリ」メンバーの週末アウトプット成功事例

「朝キャリ」メンバーは、アウトプットを変えることで次のような成果を上げています。

● **3人の子育てを優先し長年在宅ワークだったところから、本当に自分がやりたかった**

ことを思い出し、就職活動再開。理想の職場での転職にチャレンジし、13年ぶりに正社員への復帰が成功

- 残業好きな同僚や増える仕事に対して不平不満を持つよりも、自分でできることを考えて実行すると覚悟を決めて、残業時間削減&昇級試験合格
- 社内の昇進試験にチャレンジし、一発合格
- 会社に自分が成し遂げた成果を交渉することで、成果報酬制に移行&年収アップ
- コロナ禍でも条件がいい会社に転職成功
- 趣味で過去に取得した、いままで実務では関係なかった資格が評価され、興味がある分野での異業種転職に成功
- 会社に許可を得て副業を始め、オンラインセミナー実施。全く面識のない方からのお申し込みでファーストキャッシュ（はじめてのお金）をいただけるように
- 会社員のまま個人事業主としても独立し、パラレルワークを実現
- 会社員をしながらライターデビュー、ウェブメディアで1記事数万PVの人気記事が書けるように
- メディアデビュー（『日経ウーマン』『NIKKEI STYLE』、集英社の『マリソル』『エクラ』）
- フリーランスとして掲げた1年の月収目標を3カ月でクリア

アウトプットは、あなたから滲み出る「だし」

この本では、あなたから滲み出る「あなたらしさ」という意味で、自分の「だし（出汁）」というキーワードを多用していきます。

- **自分がやっている仕事内容や趣味、意見は平凡すぎて、周囲と比べても特筆することもないので、一体何をアウトプットしたらいいかわからない**
- **いざアウトプットしようと思うと「よいことを」「役に立つことを」という気持ちがプレッシャーとなり、結局何もできないまま時が過ぎてしまう**

このように身がまえてしまうのは、「世の中にまだない、自分にしかないオリジナルのアイデアをゼロから考え出さなければならない」と思うプレッシャーからきているのではないでしょうか。

実は、ゼロから作った自分だけのアウトプットなんて、この世の中には存在しません。

人類が地球に生まれて数百万年。自分のアイデアなんて、過去の誰か、世界の誰かがとっくに考えているものです。

しかし、**いままで数十年生きてきた経験を掛け合わせ、あなたの「あり方」「信念」「経験」がブレンドされて滲み出してくるものは、あなただけのものです。**これが、あなたなりの「だし」です。

一つひとつは薄くても「合わせだし」でインプットに深みが出る

一つひとつの「だし」が薄くても大丈夫です。

「だし」は少しずつ合わせることでより深みが出ておいしくなります。昆布（グルタミン酸）とかつおぶし（イノシン酸）が掛け合わされると、単品で味わったときとは比べ物にならないほどおいしいだしができますよね？　相乗効果は7〜8倍だそうです。それと一緒です。

いままでのあなたの経験を棚卸しし、掛け合わせてみればいいのです。**すべては掛け合わせと思えば、ゼロから何かを生み出さなくていいと、少し気がラクになりませんか？**

私は「朝活」をテーマに長年活動してきました。

プロデュースしている『朝活手帳』は15年愛されるロングセラー商品になりました。

ひとつのテーマをさまざまな切り口で展開し、コンテンツを枯らせることなく、15年活動を続けることができています。

なぜ同じテーマで15年、飽きられることなく続けられてきたか。

その理由は、自分の「だし」が何かを知っていて、どうアウトプットすれば適切かを知っているからです。また、2018年から会社員がアウトプットを練習するコミュニティ「朝キャリ」で、のべ400人のアウトプットに関する悩みを解決してきました。

さらに「時間術」をテーマに多くの方の悩みを聞き、解決策をまとめた書籍を多数書いています。だからこそ本書では、**平日はインプットに忙しく、アウトプットしている暇はない方でもできる、週末を活用して始められるアウトプット法について紹介できます。**

つまり、15年試行錯誤した、「アウトプット法」と「時間術」の合わせだしが「しみしみ」になっている私のアウトプットが本書というわけです。

「だし」入りアウトプット3つのメリット

「だし入りアウトプット」をマスターできたときのメリットは、大きく3つです。

- **誰かや何かのために嘘をついたり、自分を曲げたりしなくてもよくなる**
- **のびのびと生きられ、秘めた才能が開花する**
- **応援してくれる人が増える**

「だし入りアウトプット」の方法をマスターすると「私はこれをしたい！」といった心の底から湧き出る想いを表現できるのはもちろんのこと、「こんな人はお断り」「こんなことは嫌」といった、ネガティブな部分もはっきりと表明できるようになります。すると、嫌な人が周囲からいなくなります。

実は「私の周りに嫌な人ばかりいる」と思っている人は、嫌な人に、自分の本心とは異なる「いい顔」のアウトプットをしている場合が多いです。

本当は嫌なのにもかかわらず、不快な思いなんてまるでしていないかのように振る舞うから、相手はむしろ喜んでいると勘違いする場合すらあります。「本当は嫌だ」という気持ちを自分でもごまかし続けてきたり、「本心を言ったら嫌われる」と思い込んだりしてきた結果として、本音のアウトプットが難しくなってしまっているのです。

本書では「で、本当はどうしたいの？」といったあなたの本心に気づき、周囲に気持ちをしっかりと表現できる方法をお知らせします。

そしてメリット2つ目が、**「のびのびと生きられ、秘められた才能が開花する」**です。

アウトプットに苦手意識がある方が心の底で思っていることは「アウトプットをすると、嫌われる、嫌がられる、迷惑をみんなにかける」というネガティブな気持ちです。断言します。これは思い込みです。

あとで詳しく紹介しますが、**どんなにひどいアウトプットでも、嫌なアウトプットでも、**

きるようになります。

嫌われたり嫌がられたりしない方法があります。その方法がわかると、のびのびと発信できるようになります。

斜にかまえずに素直に思ったことをアウトプットできるようになると、周りのメッセージに対しても斜にかまえずに受け止められるようになります。

本心を秘め、外にアウトプットできない状態がデフォルトになっていると、いつも自分の表と裏を使い分けていることになりますよね。

自分がそうなので相手も「本心はきっと違うはず」と、うがった見方をしてしまい、毎日「あの人の本心は何か」をぐるぐる考え続けることになります。そんな気が休まらない日々とは、今日からおさらばしましょう。

本書で紹介する「だし入りアウトプット」をマスターすると、相手の言葉も素直に受け止められるようになります。

素直に受け止めることができると、たとえば**嫌な人から嫌味を言われたといままで思っていたことが、嫌味だと捉えずに「クセが強いだし」入りのメッセージだと思えるようになり、「アク抜き」「下処理」ができるようになります。**

仮に超！　大嫌いな人からさえも素直に学ぶことができます。

そして、メリット3つ目は**「応援してくれる人が増える」**です。

「そんなに頑張っているのなら、よし、ひと肌脱いでやろう！」と、謎に応援団が増えます。実践してみると、「本当だ！」と驚くはずです。理屈で説明しようがないほどの素晴らしい展開が、あなたの前にどんどん訪れます。

それは、自分の本心を明らかにして、「やりたい！」と思うことを明確化して行動に移すことができた人だけが得られる、ご褒美のようなものです。そして**「やりたい！」と思うことを素直にアウトプットして奮闘する同じ志の人と出会え、一生の仲間になることもできます。**

平日はインプットに忙しいので、週末を上手に活用しよう

平日は仕事や家事をこなすだけで精一杯になってしまいますよね。特にアウトプットを始めた最初のうちは、「忙しい合間を縫って何かをアウトプットしよう！」と思うだけでもエネルギーがいることなので、週末をうまく活用することをおすすめします。**平日インプットし続けた知識を、週末にアウトプットすることから始めていきましょう。**

本書では、お休みの週末、全部を潰さなくても、土日どちらかの朝15分、30分、1時間、もしくは半日を使ってできる方法を解説します。

アウトプットの方法を徹底的にマスターするためには「書く→話す→作る→動く」の順番で進めるのが効果的ですが、きっちり順番通り進めることが難しい場合は、順番通りで

なくてもOKです。進める数も問いません。週末に1つずつ進めてもいいですし、2～3個一気に進めてもいいです。

1テーマの中に15分が2つ、30分が2つなど、複数紹介してある場合もありますが、1個ずつ別な日に進めてもいいですし、キリがいいものは一気に2つ進めてもいいです。

自分が使える時間に合わせて、たとえば「1時間あるから、いま気になっている『書く』のこの部分から、30分コースを2個進めよう」といった感じで、1つ以上進めても大丈夫です。気分転換に「書く」「話す」「作る」「動く」から、15分のものを1つずつ選んで4つ進めてみてもいいです。進め方は自由です。

付録として、283ページ以降に「書く」「話す」「作る」「動く」の所要時間ごとの一覧を紹介しています。まずはこの表のタイトルと所要時間を眺め「おもしろそう！」「できそう」と思ったものから週末の予定に入れてみてください。

半日以上かかる作業は、あとで詳しく解説する**「モジュール化」（複雑で時間がかかる大きなことを、独立した小さな単位に分けて管理する方法）で分解し、空いた時間に組み込むことができるようまとめています。**土日くらいはリフレッシュしたい、遊びたい、という方でも大丈夫です。「書く」「話す」「作る」「動く」それぞれの方法の所要時間についての大体の目安も記しますので、所要時間から選び、まずは進めてみて、終わらせたらせいせい遊んでください。

休みは疲れてしまってゴロゴロしてしまった、ぼーっとしているうちに一日が終わってしまった、集中力が続かない、そんな悩みは「目的がない」ことがひとつの理由です。

週末アウトプットで、自分への「種まき」時間をつくろう、行動しようと思い始めると、目的が生まれますので時間を少しずつ、こじあけることができるようになります。

本書は週末の朝15分からでもできるアウトプットの練習を集めましたが、そもそもインプットと比べてアウトプットは精神的に負荷がかかるものです。

15分だけ、と思っても、やろうと決心して取り掛かるまでに最初は少しハードルが高いかもしれません。

インプットは、流れてくる情報をただただ受け止めればいいだけで「受け身」なので何も準備はいらずにすぐにできますが、アウトプットは、受け止めた情報を「さて、どうする？」と考え、自分の外に出す行為ですので、少しハードルが高いのは当たり前です。

緊急でないけれど重要なことは、面倒で後回しにしてしまう気持ち、よくわかります。でもちょっと考えてみてください。**週末思いっきり遊びたい、リラックスしたい、そう思っていても、気になることがあると、そのことがずーっと頭の片隅にあって、心からリラックスできませんよね。**

そんな心当たりがあるなら、週末の朝の時間でサッサと、今回紹介することを済ませてみてはいかがですか？　**気がかりだけど、やっておけばあとでずっとラクになることを、週末の朝に済ませてしまえば、あとはすがすがしい気持ちでお休みを満喫することができますよ。**

本書の全体像

本書は、次のような構成で解説します。

プロローグ　アウトプットの定義、メリット、全体像を解説

チャプター1　マインドセット編（私なんて……といった呪いや、インプット沼にとどま

ることの怖さ、週末でどう時間を作るか）を解説

チャプター2　書く編（朝15分、30分、1時間、半日でできることを紹介）

チャプター3　話す編（朝15分、30分、1時間、半日でできることを紹介）

チャプター4　作る編（朝15分、30分、1時間、半日でできることを紹介）

チャプター5　動く編（朝15分、30分、1時間、半日でできることを紹介）

アウトプットは書く→話す→作る→動く、という本書の構成の順番で進めるとスムーズで効果が出やすいです。

「書く」「話す」は、運動でいえば準備運動、慣らしトレーニングのようなものです。「書く」「話す」でアウトプットに少しずつ慣れてきたら、本格的に「作る」「動く」に進みます。とはいえ、**まずは楽しく進めていくことが大切なので、順番通りきっちり進める必要はありません。繰り返しになりますが、ページをぱらぱらと眺め、取り掛かりやすそう、楽しそう、と思ったところから始めてみてください。**

時間は、モジュール化すればスケジュールに組み込める

特にチャプター4「作る」のパートは全体的に取り組むと時間がかかるものが多いため、各モジュールごとに、目安となる所要時間を記載します。週末に15分、30分、1時間空きそうな時間で「これをする！」とスケジュールに入れ込み、計画を立てていくことをおすすめします。

「モジュール化」とは、複雑で時間がかかる大きなことを、独立した小さな単位（モジュール）に分けて管理する方法のことです。ここでは、**「大きな山」のように見えて、どこから手をつけていいかわからなくなってしまいそうな「作る」アウトプットを、一つひとつの「丘」に分解することで取り掛かりやすくしていきます。**

それぞれの「丘」を、15分コース、30分コース、1時間コース、半日コースの単位に分解すれば、週末の限られた時間の中でも少しずつ進めていけるようになります。

長年の時間に関する指導から断言できるのは、時間は「できたら作る」のではなく「作

ると決める」ことが大切だということです。時間ができたらやろうと思っていると一生できません。「この時間でアウトプットする！」と決めてしまい、予定に入れてしまいましょう。「余った時間でやろう」と思うとゼッタイに余らないので、朝のうちに進めましょう。「将来のための準備を朝のうちにすることができた！」と達成感を味わえるのでおすすめです。

意志力は「みんな」で作る

ひとりだと意志力が続かないと心配な場合は、定期的に集まる場を、友人などと約束して作ってみるのもおすすめです。たとえば私が主宰しているアウトプットのコミュニティ「朝キャリ」では、「発信部」の部長が主導し「ブログもくもく会」と称して、ＺｏｏｍをつなげてブログやSNSなどのアウトプットをする会を毎週朝から開催しています。30分集中してひたすらアウトプットし、10分で参加者同士何をしたかをシェアします。ほかには「種まきモーニング」といって、将来に向け、緊急でないけれど重要なこと（＝種まき）を進める時間を作っています。

特に「作る」パートは、即効性はないけれど、あとでじわじわと効果がわかるものです。計画的に進めていくことができれば必ず身になるので、「この時間でやる！」と、まずは予定としてスケジュールに組み込み、他の予定をブロックしましょう。

とにかく、始めることが大事です。アウトプットを続けていくうちに、「こんなとき、どうしたらいいの？」とか「困っていることがあるんだけど、相談に乗ってくれない？」といった感じで、周囲から質問されるようになってきます。質問がどんどん増えていったらチャンスです。その質問に答え続けられる状態にまでなれば、アウトプットなんてもう怖くはありません。

さあ、一緒に人生が変わる「だし入りアウトプット」の世界へ一歩、踏み出しましょう。

PROLOGUE

アウトプットの質があなたの人生の質になる

Chapter 1

インプット偏重からアウトプット志向に変わる マインドセット編

Chapter 2

SNS・日記、「書き出す」でアウトプットの質を高める

「書く」編

Chapter 3

何を誰に伝えるかを明確にする

「話す」編

Chapter 4

「作る」編

アウトプットの核を整えマネタイズを目指す

Chapter 5

いよいよアウトプットを実践する

「動く」編

装丁　沢田幸平（happeace）
本文デザイン・DTP　ナカミツデザイン

Chapter

1

インプット偏重から
アウトプット志向に変わる

マインド
セット

編

インプットしすぎの消化不良から抜け出そう

SNSで情報収集したり、セミナーや勉強会に参加したりすると、エネルギーをもらった気がして、「よしやるぞ！」と、そのときは思いますよね。でもしばらく経つと、自分には何もないような気がしてくることはありませんか？　行動しよう、という気持ちと、でもやっぱり無理かも、という気持ちが日々せめぎ合うことがあるはずです。

これからのことが心配になるとき、勉強熱心な多くの方が始めるのが「インプット」です。関連することを調べたり本を読んだり人に聞いたり、セミナーを受けたりと、いまの自分に「足りない」ことを埋めるように、インプットを始める方が多いです。でも、能動的に動いても動いても、前に進んだ気がしない。そんな感覚はありませんか？

これは、インプットしすぎて、情報処理のキャパを超えている状態です。

ただでさえ情報爆発と言われている時代、限られた私たちの24時間を、流れてくるスマホやＰＣからの情報でパンパンにしたうえ、さらに自分でインプットをパンパンにして、消化不良を起こしているのです。

勉強が好きな人にありがちな「インプットが終わらない」現象

- **自分には何もないから、まずは資格を取らなきゃ、と頑張るけど、資格を取ったら取ったで不安になってまた新しいスキルアップの勉強を始めている**
- **国家資格などの難関資格にチャレンジして、やっと合格。これで大丈夫！　将来安泰だと思っていたのに、いざ資格を取って活動をしようと思ったら、何をどこからどうすればいいかわからない。自動的に仕事が舞い込んでくると思っていたら甘かった……**

そんなとき、**勉強好きな方が次に向かうのは「さらなるインプット」です。**

資格を取ったのに仕事がこないとなればマーケティングやセールスの勉強をしたり、専門知識が足りないからだ、と、さらなる上位資格を取ろうと努力したり……。

さらなるインプットで自分をもっともっとバージョンアップさせたい気持ちはよくわかります。

勉強って楽しいですよね。新しい視点が増えるし、やればやるほど世界が広がる感覚が味わえるから、止まらなくなりますよね。

でも待ってください。

勉強自体を否定するわけではありませんが、これを続けた延長線上に、何者になるつもりですか？　大御所と自分を比べたら全然自分なんてダメだと思い、いつまで経っても「もっともっと」となっていませんか？　**短い人生、大御所の劣化版になるために何十年も時間を費やしている暇なんてないと思いませんか？**

勉強しても勉強しても不安が拭えないから、さらなる勉強に励む方を私は多く見てきましたが、逆なんです。

みなさん学びすぎです。

勉強不足だと感じているからこそ、中途半端で不安なまま、アウトプットをしていきま

しょう。

勉強好きな人は、勉強に慣れているから、ずーっと勉強し続けてしまいます。これは現状維持バイアスと言われているものです。

過去に勉強について成功体験があると、「困ったら勉強だ！」と、考えるより先に手が動きます。勉強熱心なのはいいことですが、いま、勉強しまくっているのになかなか前に進んでいる感じがしないのであれば、何かが間違っています。

学ぶために勉強だ！　は、熱心なようでいて実は思考停止をしているのかもしれません。過去のやり方に慣れていて、つい「手癖」で勉強してしまっていないですか？

アウトプットしてからインプットする

不安だからこそ、インプットではなくアウトプットが必要です。

なぜなら、アウトプットしていかないと自分の方向性が間違っているのかそうでないのか、楽しいのか楽しくないのかがわからず、**知識だけが肥大化してますます動けなくなってしまう**からです。

世の中の常識が日々アップデートされているのに、昔からの教えを後生大事に守り、完璧にマスターしてから動こう……と言っていたら、あっという間に時代遅れになってしまいます。古い考えをいつまでも取っておいてもいいことなんてありません。

いつか役に立つかもしれないと思って学ぶのと、「この学びを誰かに伝えよう」と思って

いままでのアウトプット

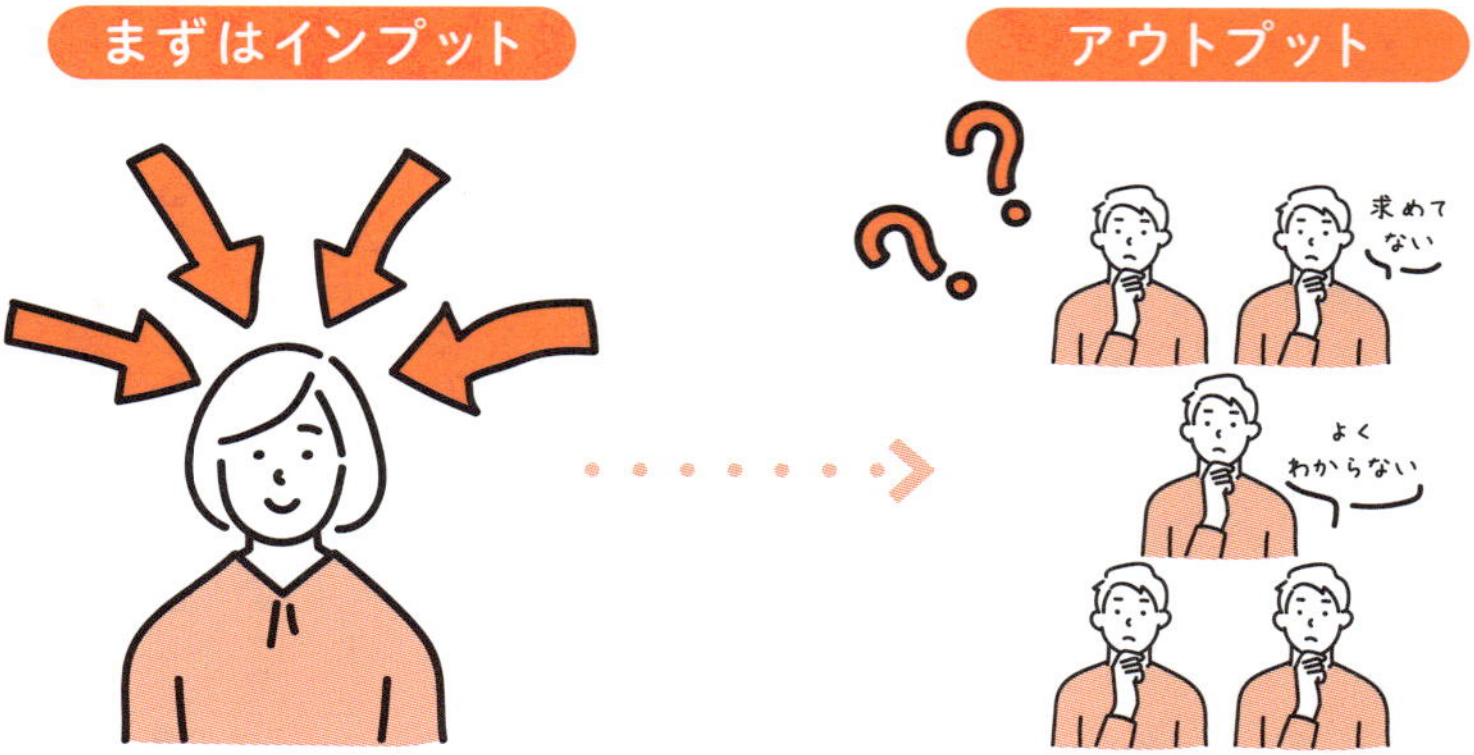

たくさんインプットしているのに少ししかアウトプットできない

これからのアウトプット

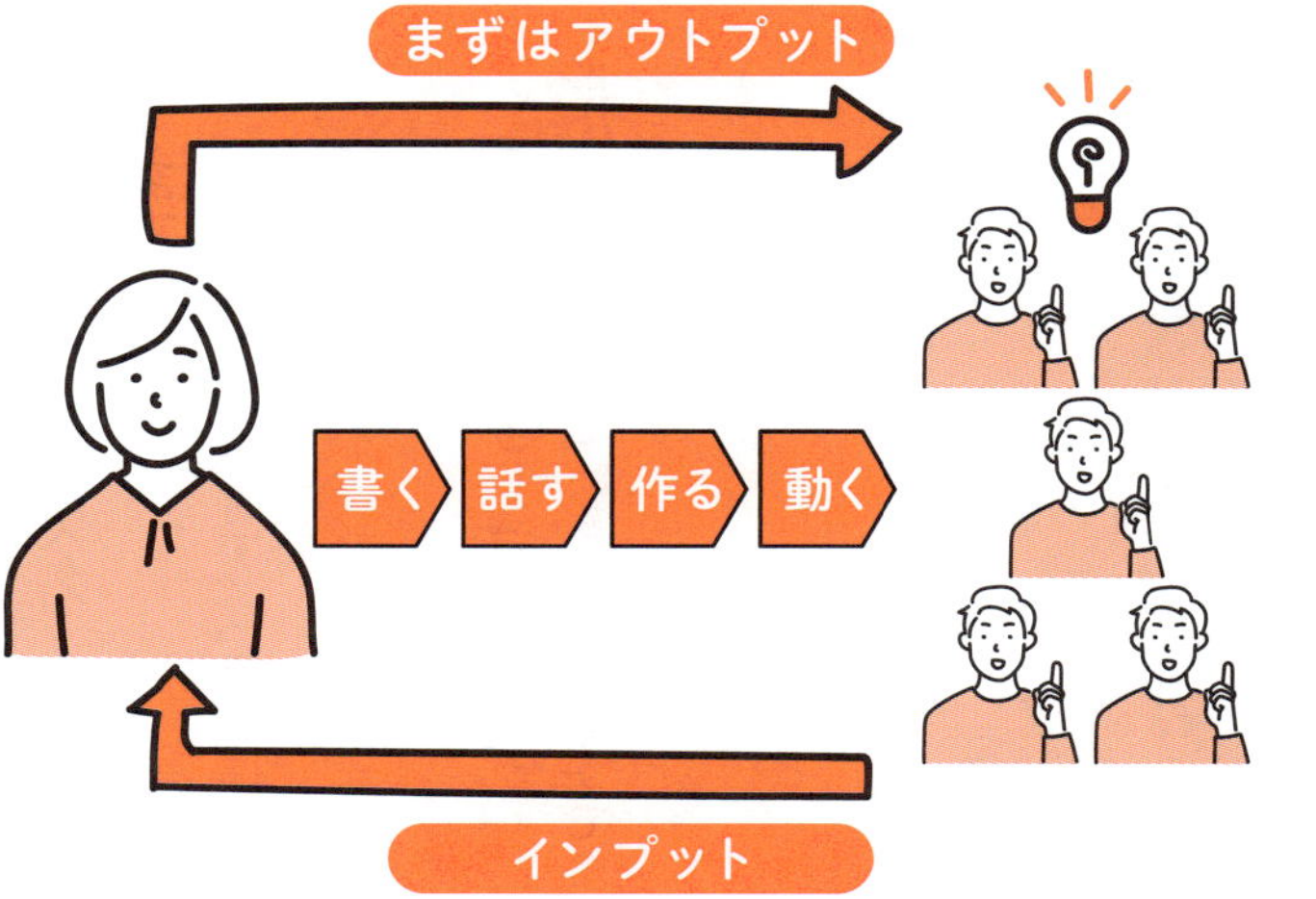

4つのステップで最大限のアウトプットができるようになる

学ぶのでは結果に雲泥の差が出ます。

伝えるつもりでまとめることで、いままでとは違う頭の使い方をマスターでき、いままで無駄に思っていたような仕事まで学びの対象となります。

もちろん失敗もあるでしょう。でも失敗があるから改善点が見えます。**「まずはアウトプットして、その結果をインプットする」**ようにしましょう。

「このテーマでやってみたけれど、しっくりこない」「自分はこれが好きだと思っていたけど、好きじゃない気がする」といったように、**本当に自分が求めていること、そうでないことも、アウトプットによって明らかになります。**

学びすぎは、視野を狭くする

勉強を続けすぎると「これ知ってる」「あれ知ってる」が多くなりますが、知っているのとできるのは全くの別モノです。

知識が多すぎると人のあら探し、自分のあら探し（もっともっと頑張らないとダメだ）ばかりになり、軽やかに行動することができなくなります。誰もが最初は初心者です。初心者の気づきを忘れたまま専門知識だけ持っている人なんて、ただの感じが悪い人です。

上流気取りで通ぶるような人たちをスノッブ（snob）ということがありますよね。知識を得れば得るほど、上から目線になってしまいがちな人がたまにいます。たとえば私が見てきた人の例で言えば、ワインを知り始め、フランスのブルゴーニュやボルドー地方などの高級なワインにはまると、コンビニでも買えるようなワインを少しバカにし、ワインに氷を入れて飲む人をかわいそうという目で見たりすることも……。

インプットのための勉強をしすぎると、知ることでかえって偏見にとらわれ、マニアックになりすぎて周りの意見を聞けなくなってしまう危険性があります。

知識を積み重ねること自体を否定はしません。しかし、学べば学ぶほど、そもそも何のために勉強し始めたのかを忘れ、知識の習得にだけ走ってしまう危険性もあるのです。学び始めたころの新鮮な驚きがなくなることで、普通の人の感覚と少しずれてきてしまうのかもしれません。

また、勉強が好きな人は資格を取るのも好きですが、「私にはこれを名乗る資格があるんだろうか」と不安に思う勉強熱心な方を狙い、「この資格を得ればあなたも稼げますよ」と伝えて取得を促す「資格ビジネス」にも搾取されないようにしましょう。「資格ビジネス」にはまると、「次はこの上位資格」といったように勉強すること自体が目的になり、資格を何個取ってもゴールが見えない不安にさいなまれます。**資格は本来、誰かに認定されて得るものではなく、動きながら自覚を持って得るものです。**

借り物の言葉は思考を薄くする

また、インプットばかりしていることのデメリットはもうひとつ、**インプットされた言葉が自分の言葉と同化してしまい、誰かがどこかですでに語った、借り物の言葉しか出てこなくなる**ことです。

特にいまはPCやスマホから名言をコピペするのが簡単な分、自分で言ったことなのか、誰かが言ったことなのかの境目も曖昧《あいまい》になってしまっています。

あなたも心当たりがあるのではないでしょうか。ネットで「なるほど」と思った言葉を、さも自分で思いついたかのように誰かに言ったことってありますよね？（私もありますけどね）。**自分がドヤ顔で名言を言い出したとき、あたかも自分で考えているようでいて、実は何も考えていないのです。**

たとえばSNSなどを見ていて

「それ知ってる」

「誰々が言っていたあの話だよね」

「そんなの当たり前」
「みんな知っていることを、何えらそうに言ってるの？」
と、いちいち突っかかりそうになったときは気をつけてください。インプットしすぎていて、「知っている」と思い込んでいるだけなのです。**知りすぎているわりに、実践が足りないのです。**

「ヤバ！　自分の頭で考えていないかも」とドキッとしたときがチャンスです。ドキッとするということはまだ挽回の余地があります。

「知ってる」「聞いたことがある」を超えて、自分はどう感じたか、どう行動するかを考えてみよう、と思えたときが変化のタイミングです。

インプット沼の住人だったからわかる「私なんてまだまだ病」

こうやって偉そうなことをどうして言えるかというと、私自身がインプットばかりしていたからです。

私は以前、資料作成の仕事をしていました。パワーポイントで資料をキレイに作り直す仕事で、同じ部署の人は全員、当然のようにできていました。だから会社員のときは、私のパワポ作成能力なんて、全然大したことないなと思っていました。作成スピードもいまいちだし、ミスタイプもするし、コミュニケーションも下手だし、みんなすごすぎる！と思っていたのです。

ですが、いざ会社から出て、ほかの人の資料作成の手伝いをしてみると「すごい」「なんでこんなことができるの？」などと褒められたのです。**いままで「こんなこと、誰でもできるよ」と思っていた資料作成能力が、違う場所に行ったことで価値になったのです。**

また、私は『「朝4時起き」で、すべてがうまく回りだす！』（マガジンハウス）という本を2009年に上梓し、おかげ様でベストセラーになりましたが、まさか私が「朝4時起き」の本を出すなんて、夢にも思っていませんでした。

なぜなら、私にとって「朝4時起き」は普通すぎて、誰に言うまでもないことだったからです。過去には「朝2時起き」をするというタイトルでベストセラーになった本があり、「2時に比べたら4時なんて大したことない」と思っていたし、睡眠の専門家でも、お医者さんでもない、ただの会社員の私の話なんて誰も聞いてくれないと思っていました。また、朝早起きしていても、別に大したことをしていないし、こんな内容が本になるわけがないと思っていました。でも、そんな話を、私のことをあまり知らない「アウェイ」な環境で話したところ、「おもしろい！」と反応をもらい、出版につながりました。

この話からお伝えしたいのは、**「あなたの普通は誰かのすごい」**ということです。

誰もがみんな、自分にとって当たり前にできること、簡単にできること、工夫してできるようになったことを「大したことがない」と軽視しがちです。

皆さんが普通に日々やっていること、会社の中で当たり前のように続けていること、趣味でずっと続けていることで「普通すぎて言うまでもない」と思っているものはありませんか？　それこそ、アウトプットがまだ足りていない、アウトプットしてほしいことです。アウトプットしたとたん、新たに価値を感じてもらえることが、必ずあるはずです。

「いやいや、こんなの大したことないです！」と自分が勝手に判断しないようにしましょう。価値を判断するのは自分ではなく、相手です。自分がどうでもいい、価値なんてない、と思い込んでいることに、すごい才能が隠れている場合がたくさんあるのです。でも、これは、アウトプットしないと誰にも見つけてもらえないのです。

周囲に少しでも「すごい」「どうやってるの？」「教えて！」と好意的な反応をもらったら、別にそれを**極めよう、と思わなくてもいいので、気軽に伝える練習をしてみましょう。**アウトプットしないと、せっかくの宝物が永遠に埋もれて、誰にも気づかれないままになってしまいます。ほんの少しの勇気を持って、自分の「だし」を出していく。そこからがスタートです。

気軽なアウトプットで仕事にも好影響が生まれる

アウトプットを習慣化できると、会社員の仕事にもいい影響が生まれます。メリットは大きく次の４つです。

1　いままでの経験が生きる

2　人前で話すのが得意になる

3　経験を教材として、いずれマネタイズも可能になる

4　人の役に立って感謝される

順番に解説します。

❶いままでの経験が生きる

本書で紹介する「アウトプット」は、できないまま、中途半端なまま、完璧を目指さないまま挑戦する方法です。

つまり、最初は「できない」「下手」「満足がいかない」状態から始まります。これは悪いことでもなんでもなく、喜ばしいことです。

なぜなら、できなかったことができるプロセスが自分の中に感覚として身につくからです。**いま「できない」「うまくいかない」ことも自分の価値です。** できるようになるまでをしっかり記録することで、できるようになったとき、昔の自分のような人を助けることができるようになります。この経験は、会社の中で部下を教育する場合や、自分の仕事を引き継いでもらったりするときにも必ず活きます。

❷人前で話すのが得意になる

アウトプットは経験や知識を言語化する行為です。

伝えることに敏感になるので、練習を重ねるうちに話すのがだんだん得意になっていきます。

「話しベタです」という方がいらっしゃいますが、話すのがうまくなるかどうかは、ただの「場数」です。何度も何度もアウトプットをしているうちに、本番に強くなり、度胸がつきます。

私も実は会社員のころ、人前で話すことが大の苦手でした。ひたすら資料を作り続ける裏方の「パワポ職人」だったので、人前で話すと思うと手がふるえていました。

でもいまや、何百人の前で話せるようになりました。人前で話すのが得意になると、会社でのミーティングやプレゼンにも必ず役立ちます。

❸ 経験を教材として、いずれマネタイズも可能になる

アウトプットを続けていると、インプットばかりしていたときに比べて学びの速度が速まります。

たとえば私の場合、「朝活」「早寝早起き」をメソッド化して『朝活手帳』をプロデュースしたり、本を書いたり、講演や研修で先生として伝えたりしています。これができるのは、自分の学びから法則を見つけて、「こうすれば早寝早起きが定着する」がわかったからです。

経験がすべて教材になるので、人生すべてネタになり、日々が発見になります。何か嫌なことがあったとしても、「これを克服したら、また教えられるネタが増えてラッキー」と思えます。

このように、**経験をメソッド化することができれば、いまの仕事が楽しくないな、と思ったときでも、この経験をコンテンツにしよう、と視点を変えることができるようになります。**

❹人の役に立って感謝される

アウトプットは、自分の考えや知識、経験を周囲に伝え、相手に影響を与えることにつながります。

私にはいまでも支えになっている言葉があります。「千恵さんの本を読んで自殺を思いとどまりました」という方がいらしたのです。涙が出るほど嬉しかったし、自分だって誰かの役に立つんだ、頑張ろう、と思えました。

『朝活手帳』のユーザーさんからは、「人生をあきらめかけた自分が生きる意義を見つけられるようになった」と言われ、自分のいままでの生き様のすべてが、受け入れられた気がしました。**誰かの人生を、ほんの少しでも、自分の力でいい方向に変えることができた！と実感できたのも、思い切ってアウトプットしたからです。**

この４つの喜びは、「自分なんてまだまだだ」「めっそうもない」と思ってインプットばかりしていたら決して得られないものです。

コツは「めっそうもない」状態のまま、アウトプットすること

いまの状態、つまり**ダメダメで、自信がなくて、めっそうもない、と思っている自分のまま、アウトプットを始めましょう。**いまの自分のまま勝負することで、周りが反応してくれます。反応があってはじめて、自分の強みややりたいこと、向かう方向性がわかってくるのです。また、ダメダメだった過去があるからこそ、将来、かつての自分のように困っている人の役に立てるようになります。

天才は、はじめからできてしまうから、できないつらさを知りません。ほかの人がどうして、自分のようにできないのかがわからないし、できるようになるための方法論も知りません。当たり前にできるからです。

でも、凡人が、「できない、自信がない、でもできるようになりたい」と必死に勉強して、できるようになったとき、できない人ができるようになるプロセスが腹の底から理解できます。

凡人ができるようになると、「あの人にもできるんだから、自分にもできるかもしれない」という希望を周囲に与えることができます。**自分が経てきた歴史がそのまま、周りの人たちの勇気になり、励みになります。**

長嶋茂雄監督の名言と言われる（諸説あり）「スーッと来た球をガーンと打つ」は、生まれながらの天才である長嶋監督だから、感覚がわかるものです。

私たちのような凡人が、「できない、自信がない、でもできるようになりたい」と必死に勉強して、できるようになったとき、できない人の気持ちに寄り添い、伴走することができるのです。

だから、ダメダメなままチャレンジすることが大切です。ダメダメだったことができるようになるプロセスをアウトプットするのです。

経験がない人ほど失敗を怖がります。**まずはアウトプットして、その結果、自分がもっと勉強したほうがいいと心から思ったことをインプットする**ようにしましょう。

「もうちょっとしっかり準備してから」と思ってインプットに時間をかけることなく、中途半端な状態のままアウトプットをする習慣がつけば、「このテーマでやってみたけれど、しっくりこない」「自分はこれが好きだと思っていたけど、好きじゃない気がする」といったように、本当に自分が求めていること、そうでないことにも早く気づくので、「何年も勉強したのに、私、本当は、これ好きじゃなかった」と時間を無駄にすることもなくなります。つまり「損切り」が早くなるので、本当にしたいことや、得意なことにたどり着くスピードも速くなります。

いきなり大きなチャレンジをして致命傷を負う前に、試しに動いてちょっとずつ方向性を定めるクセをつけましょう。そうすれば「せっかくこれだけの時間をかけたのだから」と冷静な判断を下せなくなるリスクも減りますよ。

「生身」の本心をアウトプットしないと、望まない現実が訪れる

アウトプットするとき気をつけてほしいのは、建前や自分を守る発言ではなく、「生身」の本心をアウトプットすることです。

以前、生後数カ月の赤ちゃんを育てるママより、こんな悩みを聞きました。

「育児は確かに大変だけど、楽しいことのほうが圧倒的に多い。それなのに会う人会う人に、大変だね、大丈夫？　と言われてしまうので、そのこと自体にげんなりする」

実は、私も彼女のことを「大変そうだな」と思っていました。というのも、待機児童の問題や家族での育児分担の問題など、育児にまつわるさまざまな問題意識についてSNSによく綴っていたからです。だから彼女が「大変よりも楽しいことのほうが多い」と思っ

ていること自体、初耳だったのです。

要は、とてもシンプルな話なのですが、**「楽しい」と思っているのなら、「楽しい」とアウトプットしないと気づいてもらえない**のです。

つまり、自分では別に大変だと思っていないとしても、「大変だね」と言われるような状況だけを選んで自らが発信してしまっているから、みんなに「大変だね」としか言われないということです。

たとえば「余裕がないを自虐ネタにしているけど、本当は楽しいんだよ」と、心の中で思っていたとしても、その裏の意図を自然に気づいてもらうことは難しいのです。

あなたの心の奥底まで、周囲はわかってくれているはず、と思うのは大きな間違いです。

もちろん家族や親友、恋人など、あなたの性格を熟知している人ならわかってくれるかもしれません。しかし、公に発信する場合や仕事で本心とは違う思いを口にしてしまったり、本心を公にしなかったりすると、「こんなはずじゃなかったのに」という誤解を生む場合があることを意識することが大切です。

舞台に出たいなら「出たい！」と素直にアウトプットしよう

ほかにも、本当の気持ちをうまく発信できていないために、「残念だな」ともどかしさを感じるケースは少なくありません。

たとえば、会社で希望しているポジションがあるとしましょう。

「自分はまだそのポジションにふさわしい器じゃないから、もう少し頑張ってからじゃないと恥ずかしくて異動希望は出せない」と、コツコツと密やかに頑張っているあなた。そこに、明らかにあなたよりスキルも経験も劣っていると思われる人が「はい！　私やりたいです！」と手をあげ、軽やかに、一瞬でそのポジションをさらっていってしまう。そんなことは十分にあり得ることなのです。

そのときになって「私、本当はそのポジションをやりたかったんです」と伝えてもあとの祭り。上司や周囲からは「え？　あなた、そのポジション希望していたの？　何も言ってくれないから知らなかった。だったら早く言ってよー」と言われてしまうのです。

せっかく頑張っていたのに、そんな事態になったら悔しいですよね。

それでも、結局は「黙っていても周囲は見てくれている」と信じるだけでアウトプットをしなかったあなたが悪いのです。厳しいようですが、それが現実です。

私は、そのようにしてチャンスを失っていく人たちを見ると、やるせない気持ちになります。**楽しいと思ったら楽しい、欲しいと思ったら欲しい、やりたいと思ったらやりたい、と、不安でも、できないかもしれないと思っても、きちんと声に出して宣言しましょう。**

言ったあとに「言ったからには頑張ろう」と、その宣言を追いかけることが、やりたいことをちゅうちょなくできる道へのショートカットだと知っているから、私はそういう残念な状態を減らしたいのです。言葉にするのをサボらずにしっかりアウトプットすれば、たとえ傷ついたとしても助け舟が現れます。

過去の自分に先輩が語りかけるようにアウトプットする

そうは言っても、自分に何ができるか、どんな「だし」があるのか見当もつかない、「だし」みたいなものがわかってきたとしても、それをどうやったら人の役に立てられるかな？と考えると止まっちゃう、という方も多いと思います。

止まる場合は「自分のだしで役立つ」ことについて、ちょっと大袈裟に考えすぎな場合が多いです。**「だし」で誰かを救う必要はありません。むしろ、救おうと思わないことが大事です。**

自分さえまだ救えていない状態なのに、相手を救おう！　と思うのはおこがましいとうっすら思っている状態だとアウトプットに対する抵抗が生まれます。自分ごときがえらそうに言えないとか、私なんかの発信なんて誰にも役に立たない、自信がない、自分には語るものがない……と思うときは、**相手を救おうと思わなくてOKですので、まずは自分を救うところから始めてみましょう。**

「自分を救う」というのも抵抗があるときは、ちょっと前の自分でいいです。たとえば、1週間前の自分でいいです。

1週間前、こんなことに困って、すごく焦っていたけど、ノートに優先順位を書き出してみたら、全然そんなに焦る必要がなかったなと思ってほっとした、といったように、ちょっとしたことでいいです。ノートに優先順位を書き出すという解決策を、先週の自分はわからなかったから困っていたけれど、1週間後の私だったらこういうふうにすればうまくいく、とわかりますよね。1週間前のあなたに「こうすればいいよ」と言えますよね。そのぐらいのレベル感でいいんです。

「世界を救う」とか「誰かを救う」とか思わずに、ちょっと前の自分を救う。そう考えるだけで気が楽になると思います。

あなたの「だし」となるものを探していこう

自分の「だし」とは、どうしても考えてしまうこと、行動してしまうこと、ついついおせっかいしたくなってしまうこと。つまり、自分からじわじわ滲み出てしまうことです。

「だし」を使って、どうしたら相手の役に立てるかを考え、表現するのが、この本でいう「アウトプット」です。

ちなみに、主張を声高に叫ぶことや自分をさらけ出すことと「だし」を出すことは違います。その違いは、誰にも頼まれていないけれど、どうしても伝えたくなってしまうことを発信しているか否かです。**どうしても伝えたくなってしまうことを発信すれば、勝手に「だし」は出ます。**

週末アウトプット成功事例❶
tomokoさんとみぃさんの場合

たとえば、朝キャリメンバーのtomokoさんは、羽田空港とおひとりさまモーニングが本当に大好きで、休みになると誰にも頼まれていないのに、ついつい羽田空港やおひとりさまモーニングに行くぐらい夢中になり、インスタでもずっとこのテーマで発信しています。なので、楽しさを伝えたい！　という気持ちが「だし」になって滲み出ています。先日、月間1300万PVの朝ポータルサイト「朝時間・jp」で発信し、5万5千PVでランキング入りしました。

もうひとり、みぃさんも同じく「朝時間・jp」で朝勉強について語り、2万7千PVのアクセスがあり、ランキング入りしました。みぃさんは、シングルマザーで時間もお金もよりどころも経験も全くない中で、資格取得のための勉強をしたことによって、つらいところから浮上できたという原体験があるため、アウトプットから、資格の大切さとか、計画の立て方、時間管理とか心の持ち方のコツを伝えたいという気持ちが滲み出ています。

このように、「だし」が出た記事だからこそ、多くの人に読まれます。

まずは「そういえば、あの人」と思い出してもらうところから始めよう

有名人のインタビューなどで、「いやーこれはたまたま運がよかっただけですよ」とか、「人の縁に恵まれて」と言う方は多いですが、そういう方は、たまたまではなく、その前にしっかりわかってもらえるようにアウトプットをしています。

たまたま見つけてもらえたというより、見つけてもらえるように「書く」「話す」「作る」「動く」を実践したからこそ、人の縁に恵まれるのです。

先日、全国ネットのテレビ番組に専門家として登場しました。ディレクターさんから「池田さんがアドバイスしている方で、どんな人がいますか？」「紹介してください」と言われ、主宰しているコミュニティ「朝キャリ」メンバー数人を紹介することになりました。

ここで実感したのが、**「何者かがわかる」人は紹介しやすい**ということです。

実際、私が紹介した方はディレクターさんが「おもしろい！」とおっしゃり、私と一緒にテレビ出演を果たしました。

あなたは何者で、どんな活動をしていて、何を伝えられるのか？　が明確な人だと、私からメディアに「こんな人がいますよ」と紹介することができます。逆に言うと、それがないと、そもそも周囲に紹介しようがないのです。

テレビの例は特殊かもしれませんが、普段の会話の中でも「そういえばこんな人がいてね」と話題にのぼるように、「何者か」がわかるようにすることで、あなたの活動の幅が広がります。まずは「そういえば、あの人、あんなことやってるな」と、自分の身内を越えて思い出してもらえるように行動しましょう。

本書を読んだあとのゴールは

1　こんな想いで
2　こんな活動を始めていて
3　いま、こんな状態です

を「書く」「話す」「作る」「動く」4つの方法でアウトプットできる状態になることです。

「こんな想いで」でまず止まると思いますが、大丈夫です。自分の「中身」となる想いをどうアウトプットするかについては、チャプター4の「作る」編でしっかり解説します。ただただ楽しくて、といったような軽い理由でもいいので、自分がどんな想いをしているかをアウトプットする練習をしていきましょう。

そのためにできるあらゆる方法を、この本では具体的に解説していきます。

さあ、早速進めていきましょう！

Chapter

2

SNS・日記、「書き出す」でアウトプットの質を高める

「書く」編

「いいこと」を書こうとせずに「好き」を書く

SNSなどでは記事や投稿の一つひとつの反響がわかる指標がつき、可視化されるようになりました。

匿名でも自ら発信することで周囲の反応を見ることもできます。有名であろうとなかろうと、発する言葉が相手に伝わり、相手の琴線に触れたとき、想いは加速度的に拡散していきます。

自分の想いとは裏腹にとんでもない方向に火の粉がふりかかったらどうしよう……など反応が怖いという気持ちもわからなくもないですが、逆に言うと**反応してもらえるということは、自分の試みを無料でマーケティングして、データとして収集できることでもある**わけです。

でもやっぱり怖い。そんな方は、**まずは「好き」から始めてみましょう。**
「好き」は最強です。好きだったら動けるし、自分の想いも自然と口から出てきますよね。「もうこれ、本当に大好きなんです！」と、「推し」を語るように話すことができるといいですよね。

私は会社員のとき、会社の許可を得てパラレルワークでパンとお酒の先生をしていました。でも最初から「先生になろう！」と思ったわけではなく、パン教室に通ったり、ワインの資格を取ったりして知識が増えるのが単純に楽しくてブログでアウトプットしていただけです。すると、ＳＮＳ経由で「パン教室をやってみませんか？」と声がかかり、たまたま先生をすることになりました。

好きなことをしているときは、人にどう思われるかとか、パンを教える資格があるのかとか、そもそもそういう視点でやっていないのです。純粋に「これを作ったからおいしくて楽しい！」といったエネルギーのまま、ワクワクしていました。
アウトプットする段階のときも、「これを書いて、なんて思われるかな」とか「このパンの切り方がおかしいって思われるかな」、「この膨らみ方で写真を出すなんておかしいって思われるのかな」のような考えはそもそも持っていないのです。

つまり、**自分の「好き」は、誰にもジャッジすることができないものなんです。あなたの「好き」を否定する人はただのモラハラ野郎です。否定する人がおかしいんです。**

なので、まずは純粋に「好き」を書き出してみるところからスタートしましょう。

嬉々《きき》として、嬉しそうに、「この楽しさを伝えたいなー！」という気持ちが「だし」として滲み出ていたから、私のブログが多くの方に読まれ、パン教室の先生というアウトプットにつながったのだと思います。もちろん、続けていくためにはアウトプットのコツがあり、それは後述しますが、始めることをちゅうちょする必要はありません。

自分自身をさらけ出そうと思うと恥ずかしいけど、**自分が大好きなもののよさを知ってほしいな、と思った気持ちを伝えればいい**と思うと気が楽になりますよね？

そこに熱が乗ってきますので、最初は特に、この感覚を意識しましょう。

週末アウトプット15分コース1

SNSで「好き」の反応やリポストをしてみる

SNSなど不特定多数の人が見ているところで自分の考えや想いをアウトプットすることは、やはり最初は怖いですよね。見る専用にしている方も多いと思います。でも見る専用から一歩進んで「好き」のアクションを起こすと、自分にもいい影響として返ってきます。

特にXは治安が悪い、怖いと思う人も多いですが、治安をよくするコツがあります。すべての行動は鏡のように、自分の想いや行動を反映しています。**Xは治安が悪いとあなたが思っているのは、治安が悪い投稿をたくさん見続け、反応しているからです。**治安が悪い、不安を煽る投稿ばかりを見続けていると、Xのアルゴリズムで「あなたはそれが好きなのね」「では、もっと見せてあげましょう」と判断するため、さらに過激なものが流れるようになってきます。それを防ぐためには、情報収集のために嫌いな人をフォローすることをやめ、**あなた自身が、「好き」だと思える人をフォローし、「いいな」と心から思った投稿に「いいね」をする**ことです。そのことにより、「好きだな」と思う投稿がおすすめ欄に多く出てくるようになります。

自分の反応で、「ほっこり投稿」を増やそう

私のXのタイムラインは、動物の癒やし画像、好きなドラマの熱い感想、推しアーティストへの愛を語る尊いポストがずらりと並んでいて、いつも見ていてほっこりします。かわいい動物と推しの尊さを語る人の投稿に「いいね」をしまくっているから、アルゴリズムが「癒やしモード」になっているのです。

ただ眺めるだけだと、炎上しているポスト、話題になっているゴシップなどに引っ張られます。コメントを残さなくてもいいので、**自分から湧いてきた「いいね」の気持ちをアウトプットし、自らアルゴリズムを変えていきましょう。**「いいね」ひとつも立派なアウトプットです。しかも15分もかからず、1秒で見える世界を変えられます。

好きなことに「いいね」を押すのに慣れてきたら、次はリポストです。

まずは何もコメントをしなくていいので、「好き」と思った投稿を拡散してみましょう。

たとえば演劇が好きなら、観にいった舞台の素敵な感想があったらリポストするのもいいですよね。リポストすることによって、あなたが「いいね」と思った感動投稿が、さらに多くの人の目に留まり周囲にも感動が広がると思ったら楽しくないですか？

こうしてリポストに慣れてきたら、一言でもいいので感想をリポストしてみましょう。

その際も、いい情報を集めるためには、批判ではなく、ポジティブな投稿をすることです。

知人は観劇が好きで、ただ観劇の感想をXに書き連ねています。

批判的なことは書かず、正直にポジティブに、劇を観続けたからこそわかる客観的な感想を書くので、その劇に出演している芸能人の名前で検索してきたファンの方がとても喜ぶそうで、数百フォロワーでも何千「いいね」になることもあるそうです。

チャレンジのプロセスを日記のように淡々と書く

別に大好きではないけれど、「これができたらいいな」と憧れるような、目指していることがある場合は**「ピア・プレッシャー」をうまく使うアウトプット法**がおすすめです。たとえば私は初心者ランナーでしたが、走行記録をアウトプットすることでフルマラソンを完走することができました。

私はもともと逆上がりもできないほどの運動オンチでした。小中学校でのマラソン大会は仮病で欠席しようとしたし、ランニングする人の気が知れないとまで思っていましたが、親戚の集まりでついうっかりホノルルマラソンに出場すると口走ったのを機に最初は「仕方なく」ランニングを始めましたが、アウトプットを習慣化することで結局ホノルルマラソンを7回、大阪マラソンを1回完走することができました。あまりハードな走り込みをせず、ゆるゆるとマイペースで続け、自己ベストは4時間35分です（とはいえ、出産のブランクで、もうとてもその頃のタイムでは走れませんが……）。

その際、アウトプットが大変役立ちました。

といっても、大したことは書いていません。

「ホノルルマラソンを目指して！」というタイトルで、2キロ走っただけで息が切れて続かないくらいの全くの初心者のときから、自分のぶざまで、格好悪くて、できない姿をブログに淡々とさらしました。

具体的には、次の記録を淡々と記入しました。

- 走行距離
- 消費カロリー
- 所要時間
- 累計走行距離
- 月間走行距離
- 簡単な感想

こういった記録は、**ノートや手帳などに書き記しても成長を感じられていいのですが、ブログなど、不特定多数の方が見える形にしたほうが効果的です。**ピア・プレッシャー（仲間からの圧力）を前向きに活用できるからです。記録を公開することによりランナー同士のゆるい交流も生まれるので、孤独感も減少しました。

余談ですが、このブログを更新していたおかげで、マラソンに全く興味を示さなかった夫が私のブログを見て「こんなにしょぼくてもフルマラソン完走できるんだ」と自信を得て走り始め、朝活ランニングを一緒にするようになり、一緒にホノルルマラソンを完走しました。

つまり**「しょぼい自分」でもいいんです。その「しょぼさ」が相手を勇気づけるんです。**また、ブログに記録を書いていたことによってホノルルマラソンを目指す仲間もでき、現地で実際に会うこともできました。

「自分のこんなところが嫌！」を書き出してみる

まずは「好き！」をアウトプットすることから始めてほしい理由は、溢れ出る「好き」が満杯になって、それが滲み出るのが「だし」であることが多いからです。でも、**自分にはそんなに好きなものはないな、という場合は「絶対嫌」も「だし」になります。**ただし、「絶対嫌」は、SNSやブログで発信すると、同じ「嫌」と思っている意見ばかり集まって心が荒《すさ》み、タイムラインが荒れるので、**「絶対嫌」をアウトプットする場合は、ノートやPCなど、まずは自分だけが見られる場所で始めましょう。**

嫌なことばかり目についてしまう場合も、それがあなたの個性です。

「だし」はメガネのようなもので、私たちはどうしてもそう見えてしまう「メガネ」をかけています。

嬉しかった、ありがたい、と感じる出来事があったとしても、ほかの人から見たら「自分だったら、そんなの嫌だな」と思うこともありますよね。

ネガティブな視点も別にダメではなくて、そういうメガネをかけて物事を見ているということなんです。ですから、**溢れ出る「好き」がないなら、絶対嫌なものや、コンプレックスも、ちょっとアクが強い「だし」として捉えてみましょう。**

たとえば私はもともと根暗です。もともと根暗だから、朝活で太陽のエネルギーをチャージして、人工的に明るくしているのです。つまり、養殖ポジティブです。天然ではなく、もともと暗いからこそ暗くなるときの気持ちがわかるし、朝活で明るくなる方法を研究して体系化できたから、いま仕事ができています。

ほかにも、話すのが上手とか、セミナーの構成がおもしろくてあっという間に終わった！と感想をいただくことが多いですが、元々は話しベタで、人前に立つと赤面して手が震えて何を言っているのかわからなくなることも多々ありました。話しベタだったからこそ読めばいいだけの資料を研究して、いまのアウトプットのスキルにつなげることができました。

苦手、嫌だ、つらい。でも、それがあるからこそ語れる専門性がないかな？　という視点で探してみると、その他大勢に埋もれない個性になっていきます。

① 週末アウトプット30分コース②

「ついつい出る職業病」を書き出してみる

たとえば、自分の嫌で直したい、と思う次のような性格があるとします。

- **いつも人の心の裏を見ちゃって、斜にかまえちゃう自分が本当に許せない**
- **予定を急に変えられるのがどうしても許せない。キチキチッとやってほしいのに全然できない人がいるからいつもイライラしている**
- **すぐに傷ついてしまう。ほかの人にとっては大したことではないような一言にすごく傷ついて1週間悩んじゃう。そんな自分が許せない**

そんな自分が嫌、許せない、と思うと目を伏せたくなるかもしれませんが、**どうしても**

そう思っちゃう自分って、ちょっと離れて見るとおもしろいと思いませんか？

よい香りと味がする「だし」ばかりじゃなくて、「アク」が強い「だし」が出ているとも言えます。おいしい料理には時には苦みも必要です。

我ながら「嫌だな」と思ってしまうひねくれた視点だとしても、アウトプットしてみると独特だからおもしろい！　と、ほかの人の役に立つ場合があります。「おいおい！」と毒を持って突っ込みたくなることを書き出してみたら、自分を客観的に見ることができますよ。

また、ご自身が長年培ってきた職業病も、人から見たらおもしろいです。

ついついサービス業視点で見ちゃう。ついつい主婦目線で見ちゃう。

ついつい人の姿勢のよさを見ちゃう。ついつい人の話し方のチェックをしちゃう。

このような感じで、**ついつい見ちゃうのが「だし」です。その見え方が、人それぞれ全員違うからおもしろいんです。**

「どうしても嫌で直したいと思っているけど、ついつい考えちゃうこと」

「我ながら性格が悪いなと思いつつ、ついついしちゃうこと」

を、まずは書き出してみましょう。

あとで「だし入りアウトプット」（後述）をまとめるときのネタになります。

D 週末アウトプット30分コース③

「こうしたらいいのに、もったいない」を書き出してみる

先日化粧室で、「おもしろいなー」と興味しんしんで見てしまったのは、私の知り合いのファッションを仕事にしている方の行動です。

その方は四六時中ファッションのことしか頭にない、ファッションに生きる方なのですが、トイレで会った、見ず知らずの女性にいきなり「その眉毛はやめたほうがいいよ。もっとこうしたほうがいいよ」とアドバイスを始めたのです。

この方にとって、眉毛の形が似合わなかったことが「絶対嫌！」なことだったので、ついつい行動に移してしまったようです。

この例は極端ですし、言われたほうは突然で戸惑うし、普通に失礼だと思いますが、外から見ていたら最高におもしろくて、変態的で最高だな！ と思いました。

このように、もどかしい！　と思って、ついやっちゃうこと、行動に移さないにしても、つい思ってしまうことを思い出してほしいんです。

まずは、「おせっかい」を形にするところから始めてみましょう。おせっかいは、人に言うと余計なお世話ですが、言語化できるとノウハウになります。

ああ、もったいない。こうしたらもっとよくなるのに、なんでこうしないんだろう？　というモヤモヤは、仕事・プライベートにかかわらず、いろんなところで皆さんの心に浮かびますよね。そのモヤモヤを相手に言った場合、望まれていないことなら、勝手なアドバイスでただのおせっかい、迷惑ですよね。

でも、これを一般化してアウトプットすることができれば、困った人に届いて、みんなに感謝されるようになる可能性があります。**あなたのモヤモヤ、おせっかいが、場所を変えると感謝されるようになる。これが「あなたの普通は誰かのすごい！」です。**

個別に伝えるのではなく、アウトプットという形で世の中に出せば誰かの役に立ちます。

週末アウトプット1時間コース①

受講したセミナーや読んだ本の感想をSNSにアップする

最近はオンラインセミナーも増え、作業をしながら流し聞きで勉強することも多いですよね。でも、流し読みや流し聞きだと、すぐに忘れてしまいませんか？「いいこと聞いたような気がするんだけど、なんだったっけ？」ということ、ありますよね。**「いいこと聞いた！」が実際の行動につながらない悩みは、感想を書いてみることで解決します。**書いたり、話したりすることで記憶が定着し、インプットを実践に活かせるようになります。

ノートやPCに学びをメモするだけでもいいですが、**おすすめはブログやSNSなどに感想をまとめることです。**一箇所にまとまっているので「どこに書いたっけ？」がなくなり、あとで見返すと自分のそのときの考えがわかります。不特定多数に見られる場所に書くことで気持ちも引き締まり、「伝えよう」と思って書くため、さらに思考が深まります。

また、**一番のメリットは、感想がダイレクトに当事者に届く可能性が高まることです。**

たとえば小学生の息子には、「この人の曲が好きだからライブに行きたい」とはじめて思った「推し」ミュージシャンがいます。一緒に何度かライブに通っているのですが、感想を私がXにポストしたところ、ご本人から「いいね」をもらえてびっくりしました。

私が著者になる前にも、似たようなことがありました。本の内容やニュースを図解するブログを書いていました。ずっと憧れていた著者の方に届け！　との思いで本気でまとめたところ、著者ご本人から「いいね」をもらえて、とても嬉しかったです。

昔は著者や芸能人に感想を送るには、出版社や芸能事務所に手紙を書く必要がありました。そのうえ、手紙を送っても、見てもらえるかどうかもわからなかったものです。

いまは本人がエゴサーチしていることが多いので、すぐにつながることができます。

著者や芸能人自身も感想は気になるものです。自分の感想を、憧れの芸能人がちゃんと読んでくれている、と思ったらなんだかワクワクしませんか？

週末アウトプット1時間コース②

職業病をうまく使って「だし入りアウトプット」にチャレンジする

「どうしても嫌で直したいと思っているけど、ついつい考えちゃうこと」

「我ながら性格が悪いなと思いつつ、ついついしちゃうこと」

をまずは書き出そうと、30分コースのところで提案しました。


次は「職業病」を発信してみましょう。たとえば私は以前資料作成の専門部署にいたので、スライドの配色やフォントなどの構成について、つい心の中でツッコミを入れてしまったり、電車に乗っていて見つけたポスターのキャッチコピーを頭の中でストックしたりしてしまいます。


こうした「職業病」が、あなたの「だし」になります。

日々の生活を「だし入り」で見て、「だし」視点で発信する練習をしてみましょう。

たとえば、長年接客をしていたサービス業界のプロなら、趣味のマラソン大会に出たときに大会のオペレーションについて「こうしたらいいのに」と、サービス視点で考えることができるかもしれません。これが「だし」です。

主婦向けにお金の知識を提供しているファイナンシャルプランナー（FP）が、SNSに「ふるさと納税の返礼品が届きました」と書くだけでは、ただの日記です。でも、ふるさと納税は自分には関係ないと思っている主婦が次からやってみようと思える、「ふるさと納税はじめの一歩情報」を入れるだけで、その人らしい「だし」が出てきます。

このように、日々の生活をいかに「だし入り」で見て考えて発信するかに、アウトプットはかかっています。普段から、皆さんの「だし」は必ず入っているはずなので、それをしっかりとアウトプットすればいいのです。

あなたが四六時中考えてしまっていることはなんですか？

自然に頭の中で考えてはいるけど、あえて発信していないまま、頭の中にとどめていることはたくさんあるはずです。その**「あえて発信していない」頭の中の考えをアウトプットしていきましょう。**「職業病」視点で練習すれば、徐々に「だし入りアウトプット」ができるようになります。

「にわか専門家」を目指してみる

もうひとつ、インプットの効果を最大化する方法としてぜひチャレンジしてほしいのが、**勉強したばかりのことを、まるで専門家のようにえらそうにまとめてみることです。**具体的には「定義づけ」をして「格言」を作ってみることです。

そのためには「○○とは、××のことである」と、一旦断言するとしたらどうする？　の視点でインプットし、半日かけて答えを見つけてみましょう。つまり、「にわか専門家」を目指してみましょう。

たとえば、「コミュニケーションとは」「心を落ち着けるコツとは」といったように、自分の興味がある分野でかまいません。最初は「私なんかがめっそうもない」と思ってしまいますし、むやみに公開して、詳しい方から「間違っている」と突っ込まれて炎上したら怖いので、ノートや自分のＰＣにアウトプットを練習してみるだけでもＯＫです。

まず、「にわか専門家」になりたい分野の本を3～5冊、図書館や本屋さんで集めます。ネットの情報でもいいのですが、ネットだと体系的にまとめられていない場合が多いです。また、集中力が途切れて別なことを検索したり、動画を見始めたりしてしまうので、そういった心配がない環境を作るのがいいでしょう。

どうしてもネットで検索したい場合は、専門の研究機関や出所が明らかになっている機関のサイトから持ってきます。ポイントは「org」や「ac.jp」をつけて検索することです。

「いまインプットしたことを明日、まるで専門家みたいに書いたり、話したりする必要があるとしたら、一体どうすればいい？」と考えてみましょう。

つまり、最初からアウトプットする前提でインプットするのです。

ちょっとハードルが高いですが、そのくらいの気がまえで情報に接すると、「よくわからないけど勉強になった」といった曖昧な感想にはならず、インプットにも本気になります。

自己満足のアウトプットを他者に役立つアウトプットに変える

自分のことを語るとマウントとか自慢だと思われてしまうかも、と思ったり、ただの愚痴なのに聞かせてしまうのは申し訳ない、と、ちゅうちょしてしまったりする場合は、**自己満足で終わる「自分語り」と、他者にも満足してもらえる「自分語り」の違いを理解する**とスッキリします。

自己満足の「自分語り」は、確かに自慢やマウント臭がするので嫌がられたり敬遠されたりします。しかし、他者満足の「自分語り」もあります。**他者満足の「自分語り」ができれば、自分のことをたくさん書いても、むしろ書けば書くほど、周りの人に役立ちます。**

ただの自分語り（自己満足）の発信を他者の役に立つ自分語りに変えるためには、次の手順に沿ってアウトプットすることをおすすめします。

他者満足の「自分語り」は、**内省↓実験↓変化↓共有の順番で行ないます。**

1 **内省**：なんでこんなこともできないんだ、うまくいかない、うわー反省、つらい困った、私はこんなことをしたい

2 **実験**：この状態を、自分がいままで培った経験や視点や学びでなんとかできないか？　この状況はこう考えられるんじゃないか？

3 **変化**：このことで困っていたが、こんな実験をしたらこんなことができるようになった(できるようになりつつある！)

4 **共有**：だから、この変化を伝えよう！

ただの自分語り、自己満足のアウトプットをしている方は、1の「内省」だけを発信しています。

「内省」は、具体的には、「なんでこんなこともできないんだ」「うまくいかない」「うわー反省、つらい、困った」とか、「私はこんなことをしたい！」のような、頭の中のダダ漏れをそのまま発信しているようなものです。

自分はアウトプットしてスッキリするけれど、頭の中の脈絡がないダダ漏れのものをア

ウトプットしたからといって、ほかの人が見て「私も試してみよう」とか「役立った」「勉強になりました」とはならないですよね。**「自分の話なんて役に立たない」と思ってしまう場合、この「内省」で止まっていることが多い**のです。ですから、「内省」から一歩進めていきましょう。

「実験」とは、「内省」でダダ漏れにした自分の状況を、**いままで培った経験や視点、学びや、「だし」や「メガネ」でなんとかできないかな？　この状況はこう考えられるんじゃないかな？　を想像してみるプロセスです。**たとえば、アロマや整体とか、仕事で培ってきた金融の知識といった、自分自身が長年続けてきている何かで、人体実験してみるイメージです。

そして次に「変化」です。**この実験をしてみた結果、どうなったかを注意深く観察します。**このことで困っていたけれども、こういう実験をしたらこんなことができるようになった、できるようになったまでは行かなくても、できるようになりつつある、心がほっとした、といった、ちょっとした変化でいいんです。

そして内省→実験→変化を観察した結果を共有できるように書きます。このプロセスを踏むことによって、自分のことを語っていても周りの人に役立つアウトプットになりますので、練習していきましょう。

最初は慣れないと思いますので、たとえばブログなどで発信する場合は、サブタイトルに「内省」「実験」「変化」「共有」と仮につけてみて、それぞれ１００文字ぐらいで書いてみましょう。そのあとで仮につけたサブタイトルを中身に合わせて書き直すと、４００文字くらいのアウトプットができあがりますよ。

Chapter

3

何を誰に伝えるかを
明確にする

「話す」

編

「話す」にチャレンジする前の心がまえ

私は現在、プレゼン、資料作成、思考整理など、「物の考え方、伝え方」についても講演や研修活動をしていますが、実は昔は人前が怖く、本番に弱かったのです。

世の中には書くより話すほうがラクという方もいらっしゃいますが、私は話しベタだったので未だに書くことより話すことのほうがハードルが高く感じます。

友人2人とともに「ネオアラフィフの休憩室」というポッドキャストを配信していますが、いつも私だけ「あのー、そのー」が抜けず、編集の手間をかけてしまっている始末です。

小学校のときの授業中、演劇の感想を一言言いなさい、と先生に指名されて、2～3分無言で立ち尽くしてしまったときのことを思い出すことがあります。
先生はあきらめて、「もういい」と言って私を座らせました。言葉がうまく出てこない、あのときの無力感はいまでも思い出すとちょっとつらくなります。

話すことはすぐに反応が見えて怖いですよね。とっさに言葉をまとめようと思っても、もたもたしちゃうし、相手に「え？」と聞き返されると、自分が悪かったのではないか、とドキドキしちゃいますよね。

でも大丈夫です。こんな私でも堂々と数百人の前で講師ができるようになった「話す」秘訣を紹介します。

「話す」のパートに入る前に、まずはこの3つを意識してみましょう。

① どんな小さなアウトプットにもゴールを決める

② 失敗はつきもの、教訓を次に活かす

③ 過去の失敗を思い出して「うわあ！」となったら、「でも大丈夫！」と唱える

❶どんな小さなアウトプットにもゴールを決める

これは、狙いを定めるという意味で、とても重要な訓練になります。

「あの人から、こういう反応がもらえたら成功！」といった感じで、反応をもらいたい相手を決めて、その反応も予測してゲーム化するのです。これは発信に限りません。たとえば家族とのやりとりでも有効です。

「母親にこういう返事をしてもらうためには、こういうふうに言えばいいかな？」のように想像して、狙って話すことを意識してみましょう。

❷失敗はつきもの、教訓を次に活かす

自分の考えが否定されたらどうしよう、とか、断られたらどうしようと思いますよね。私もずっと怖いです。でも、チャレンジし続けているおかげで、怖さにだんだん慣れてきました。

これは数稽古です。思った反応を得られなかったり、注意されたり、「こんなことやっちゃだめだよ」と言われるときもあると思います。それでも**経験値は増えて、「じゃあ、次はこうしよう!」と、違う方向でチャレンジできるようになります。**なので、「はい、次!」「はい、次!」みたいな感じで進めていきましょう。

③過去の失敗を思い出して「うわあ!」となったら、「でも大丈夫!」と唱える

それでもやっぱり過去の失敗を思い出し「うわあー!」ともだえるときもあります。私もしょっちゅうあります。そんなときは、「でも大丈夫!」と自分に言い聞かせてみましょう。

「うわあー!」と過去の失敗を思い出したときは、すかさず、何も考えずに即!「でも大丈夫!」と声に出します。声に出せるタイミングでない場合は、心で唱えても問題ないです。これは全く根拠がない、私のおまじないみたいなものですが、気分がリセットされて、「はい、次!」と思えるようになりますよ。では、早速始めていきましょう。

週末アウトプット15分コース❶

とりあえず3つにまとめてみる

「話が長い」「何を言っているのかわからない」「要点は何？」と言われることが多い場合は、**まずはなんでも3つにまとめることを癖づけしていきましょう。**

たとえば「今日のランチはカツ丼にしたいと思いました。理由は3つです」と、理由を思いつく前からスタートさせてしまい、こじつけでもいいから3つひねり出す。そんな訓練をしてみるといいですね。

「マジックナンバー3」とよく言われます。人は一度に多くのことは覚えられません。物を支える最小単位が3で、忘れにくくて安定する最小単位が3です。

ここでのポイントは、いったんロジカルシンキングを忘れることです。真面目で勉強熱心な方ほど、「3つあります」と最初に言ったからには、ロジカルに、モレなくダブりなく3つを用意しよう、と思いがちです。

でもそうではなく、モレがあっても、ダブりがあっても、**とにかくこじつけでいいからまずは3つ、なんとか無理やりひねり出す**ことです。簡単にアウトプットできるよう、まずは練習して習慣化するのが目的です。「モレなくダブりなく」することはそのあとで考えればいいことです。

最初に「3つあります」と言ってから考えるようにすると、きちんと頭で逆算して、答えを用意しようと頭が働きます。最初はいまいちな「3つ」だったとしても、続けることによってだんだん精度が上がってきますので大丈夫です。

週末アウトプット15分コース❷

コンサルタントが必ず使う型3選を使ってみる

「3つあります」に少しずつ慣れてきたら、今度は「型」を使ってみましょう。

何を、どの順番で話せばいいか迷うときは、コンサルタントなら必ず使う「型」を覚えることをおすすめします。

型があると自然にその「型」を埋めようと頭が働くようになるので考える時間をショートカットできます。一般に、「型にはめる」という言葉はあまりいい意味で使われません。おもしろみがないとか、創造性がないというイメージがあるからでしょう。しかし、考えがまとまらないうちは、あえて型にはめないと、思考があちこちに飛んでしまって収拾がつかないことがあるのです。

あえて型にはめてみると、いままで堂々巡りで解決できなかった問題の具体的な解決方

法が見えてくることも多いです。

コンサルタントが必ず使っている、次の3大フレームワークを覚えて、アウトプットに活用してみましょう。次の順番に沿って話すだけで、ロジカルでわかりやすいと言われるようになります。3つのフレームワークに共通しているのは、「サンドウィッチ」のように最初に主張を話し、最後にも同じ主張を話すことです。

フレームワークその1　PREP

- **Point（主張）**
- **Reason（理由）**
- **Example（事例）**
- **Point（主張）**

フレームワークその2　CRF

- **Conclusion（要するに）**
- **Reason（理由　※あまり多いと覚えられないので、最高3つまでが望ましい）**
- **Fact（事実）**

● Summary（要約）
● Detail（詳細）
● Summary（要約）

なお、PREPは汎用性が高くさまざまなシーンで使えるので、チャプター4でも具体的にどう使うかを解説します。

伝えるための3大フレームワークを覚えておく

PREP	Point（主張）, Reason（理由）, Example（事例）, Point（主張）
CRF	Conclusion（要するに） Reason（理由 ※最高3つまでが望ましい） Fact（事実）
SDS	Summary（要点）, Detail（詳細）, Summary（要点）

プチマウンティングで度胸をつける「〇〇な私が通りますよ」構文

「マウンティング」とは、相手と自分を比べて、自分が優位であることを明らかにすることで、コミュニケーションの上では「自慢」と受け取られて嫌われる文脈で使われることが多いです。でも、**自分の知識や経験をアウトプットする場では、時にはマウンティングも必要です。**

専門知識を話そうとすると、「えらそうにと思われるんじゃないか」と心配になったり、「自分もできていないのに、こんなことを言っていいのだろうか」と不安になったりしますよね。それに打ち勝つのがマウンティングなのです。

私がこのことに気づいたのは、学生時代でした。塾のアルバイトで、「先生」として高校生と個別面談をすることになりました。私は「先生」の立場がはじめてだったのでよかれと思って最初の自己紹介で「私、この面談をするのがはじめてなんです。どうぞよろしくお願いします」と挨拶したところ、学生の顔が明らかに不機嫌になったのです。

「お前のはじめてとか、関係ねーし」と言っているような顔を見て、「まずいことを言ってしまった！」とハッとしました。アルバイトという立場だから、はじめて経験するからといって、へりくだったり、甘えるような態度を示したりするのは、むしろ相手にとってとても失礼なのだと気づきました。

この経験から、**自分の立場によっては、しっかりと自分の優位性をわきまえて、本来の意味での「マウンティング」をしっかりとすることが相手への思いやりであり、やさしさ**なのだと気づいたのです。

そういえば、中学生のときに歯医者の先生に「あなたの歯並びは難しくて、矯正がうまくいくかわからないけど治療させてほしい」と言われて、怖すぎて断ったことがあります。結局、高校のときに、いまでも大変お世話になっている歯科矯正のプロの先生にお願いして歯並びはキレイになりました。**伝える、教える立場の方の「難しい、できるかわからないけどやってみる」は、仮に心の中で思っていたとしても表に出してはいけないのです。**

とはいえ、次ような気持ちがわいてしまうと、しっかりと自分の実績や経験を伝えるのに抵抗がありますよね。

- **別にすごくない**
- **私よりももっとすごい人がいる**
- **専門家を名乗る資格がまだない**
- **恥ずかしい**

そう思う気持ちも、とてもよくわかります。でもあえて、「自分はこれを言う資格がある」とはっきり言わなきゃダメです。

別に人を騙せと言っているわけではありません。

皆さんは本当にすごいんです。いままで得てきた経験や事実は本当のことなので、最初にしっかり話しましょう。

最初に宣言して、「この人は信頼できそうだ」と思ってもらうのが鉄則です。はっきり伝えるのは傲慢ではなくて優しさなんです。そう思うとやりやすいと思います。

もちろん、最初は難しいと思いますので、ノートやPCに、「自分がマウンティングするとしたら?」の視点でどうするか書き込んでみましょう。

具体的には、話したり書いたりしなくていいので、心の中で「〇〇な私が通りますよ」と唱えてみましょう。

- **経理の経験12年の私が通りますよ**
- **フルマラソンを完走した私が通りますよ**
- **半年で5キロのダイエットに成功した私が通りますよ**
- **人事経験10年の私が通りますよ**

たとえば、これをそのまま口に出したらちょっと嫌な人かもしれませんが、**自慢ではなく、事実ですから、そういうつもりで話すくらいのマインドでいると、実際に話すときは、ちょうどいい感じに専門性を発揮できます。**

まずいったん心の中で「〇〇な私が通りますよ」と言ったあと、普通に「私はこういう経験があるのですが」と翻訳して話すことで、別に盛っているわけでなく説得力も増します。

週末アウトプット30分コース❶

何も予備知識がない家族に自分の仕事を説明して指摘を受ける

話がわかりやすい、うまいと言われる人は、難しい言葉や専門用語、略語を使わずに小学生にもわかるような表現で難しい話や深い話ができます。

しかし私たちは緊張や気分の高まりもあり、自分を客観視することは難しいですよね。ですから往々にして、自分が使っている言葉がわかりやすいかどうかの視点が抜け落ちる傾向があります。**仕事で普通に使っていて自分にとってなじみがある言葉を、対外的にもつい使ってしまい、話をわかりにくくしている場合も少なくありません。**

たとえば私の場合、新卒で入社したのが外食企業だったため、外食に関わる人なら知っている「QSC」という言葉は一般の人も普通に知っているものだと思い込んでいました。

ちなみにＱＳＣとは、Ｑ（クオリティー＝商品の品質）、Ｓ（サービス）、Ｃ（クレンリネス＝清潔さ）の頭文字を取った言葉で、外食ビジネスの根幹をなす重要な3要素です。外資系コンサルティング会社時代は、日本語で言えば済むところをわざわざ英語混じりで使っていました。いま考えると「ルー大柴か！」と自己ツッコミしたいです。

ほかには「プルーフする＝原稿の整合性を見直す」「アンドをとる（スケジュールの調整をする）」という言葉も、つい使ってしまって「何それ」と言われたこともありました。

共通言語、同じ価値観の集団に慣れすぎていると違和感に気づかないものです。

社内会議ではそれでよくても、いつ社外での説明が必要になるかわかりません。**相手にとって意味がわからない言葉のせいで誤解されないためにも、守秘義務の問題がない範囲で家族などに自分のプレゼンや実際の話を聞いてもらうことをおすすめします。**

また、文章の場合は可能な限り一晩寝かせ、次の日の朝に見直して、一歩引いた視点を意識すると独りよがりな表現はずいぶん減ります。

このような、社外の人にもわかりやすく表現をする訓練は、ブログや交流サイト（ＳＮＳ）で発信をするときに、自分の文章を客観的に判断する練習にもなるはずです。

〈週末アウトプット30分コース②〉

芸能人気分でインタビューを受ける自分をシミュレートする

初対面の人に何度も聞かれる同じ質問があるとき、自分への「ニーズ」がわかる場合があります。

たとえば、私は「朝活」をテーマに長年発信しているので、質問の傾向もだいたいわかっています。同じ質問を繰り返しいただくこともあるのですが、**同じ質問を何度も聞かれるということは、みんなが困っていて知りたいこと、解決したいこと、つまり「ニーズがある」「だしになっている」ということなので、お悩みを解決できれば今後マネタイズの種があるということだとわかります。**繰り返し受ける質問を「自分データベース」として積み上げていきましょう。

おすすめはインタビューを受けることです。「インタビューを受ける」なんて、芸能人や文化人みたいで気恥ずかしいと思うかもしれませんが、自分が好きな趣味や、「あ、私ってこう考えていたんだ」といったように、自分でもびっくりするような言葉が出てきたりしておもしろいです。

とはいえ、いきなり誰かに「インタビューして！」とお願いするわけにもいかないですよね。そんなときは**AIを壁打ち相手にして、質問をしてもらうのもひとつの手です。**

その際に使うと重宝するのが、仕事でおなじみの方も多い「5W2H」のフレームワークです。5W2Hとは、Who（誰が）／When（いつ）／Where（どこで）／What（何を）／Why（なぜ）／How（どのように）／How Much（いくらで）です。

たとえば、こんな感じでChatGPTに質問してみると、自己分析の質問の切り口が見えてきます。

「5W2H」のフレームワークで、自分で自分にインタビューしながら自己分析をしたいのですが、あなたならどう質問しますか？

ほかには「私は○○に詳しいのですが、5W2Hの切り口で何か質問してもらえますか？」と聞いてみると、その分野に特化した具体的な質問を出してくれます。**いまの段階で、特定の分野に詳しくなくても大丈夫です。**いずれ専門家になりたい、詳しくなりたい分野がある場合はこのように質問することで、「○○に詳しい専門家になるには、こういった質問に答えられる必要があるんだ」とわかり、勉強する目標ができますよ。

質問が用意できたら、口頭で話す練習をしてみましょう。

その際、**録音や録画をしてあとで聞いてみると、自分の思わぬ一言を逃さないのでおすすめです。**自分の表情を見直したり、声を聞いたりするのは最初は照れくさいですが、慣れると客観的に分析できるようになりますよ。

主宰している コミュニティ「朝キャリ」では、所属メンバーに私が直接インタビューする「メンバーインタビュー」が好評です。

インタビューを受ける前に自己紹介資料を作る段階で自分の頭の整理になる。発表してみて自分で新しい課題に気づくことができる。アーカイブで自分を客観視できる。フィードバックがあるので自分とは違う視点を知ることができる。と、メリットばかりです。

週末アウトプット1時間コース❶

感想に自分の「だし」を入れて話してみる

チャプター2の「書く」パートでは「好き」なことの一言コメントにチャレンジしましたが、そこから一歩進んで、自分の「だし」を感想に入れてみましょう。

具体的には、チャプター1で、本書のゴールとして目標にしてほしいとお知らせした次の3つの要素を入れると、ただの感想から一歩進んで、あなたらしさが見えてきます。

- **私はこんな想いで**
- **こんな活動を始めていて**
- **いま、こんな状態です**

たとえば「本を読んだ」「SNSの発言を見た」「展覧会に行った」とき、全部この切り口で話したり書いたりする練習をしてみましょう。

- **○○という本を読みました（SNSの発言を見ました、展覧会に行きました、など）。**
- **○○は、ほにゃらら（簡単に上記の内容を紹介）。**
- **私はこんな想いで**
- **こんな活動を始めていて**
- **いま、こんな状態です。**
- **だから、ココに共感（感動、ハッと）しました。これから●●をしていきます。**

これだけで、ただのよくある感想ではなく、あなただけの立派な「だし」が出ます。**自分がどういうふうに世界を見ていて、どう感じたかの「感受性」が「だし」です。**それをきちんと文章や言葉にアウトプットする練習をしていくと、自分の中身を外に出すことがだんだんできるようになります。

週末アウトプット1時間コース❷

自分を録画して練習してみたり、鏡を使って改善点を見る

119ページで、感想に自分の「だし」を入れて話してみることを提案しました。その際、自分がどのように見られるかを意識して、第三者目線を意図的に作るためにも、話している様子を鏡で見ながら「ひとりリハーサル」をしてみたり、PCやスマホのインカメラで録画したりして自分の話しぶりを確認し、言い淀む様子を客観的にチェックしてみることをおすすめします。

表情や話し方を変えるだけでアウトプットの質が上がります。メラビアンの法則によると、コミュニケーションにおいては、言語情報が7%、聴覚情報が38%、視覚情報が55%の割合で影響を与えるそうです。

自撮りしたり、集合写真に写ったり、鏡で見たりしている自分はいつも「キメ顔」の状態なのでなかなか気づきにくいのですが、誰かに撮ってもらった写真を見て「え？　私って、こんな変な表情しているの？」「普段の自分じゃない！」「姿勢悪すぎ」「ふてぶてしい」などとショックを受けた経験、ありますよね？　はじめて自分の声を録音で聞いたときの衝撃も覚えていることでしょう。「いつも聞いている声と全然違う」と思ったはずです。

でも、周囲は、自撮り写真や鏡に映る自分ではなく、ふとした瞬間を切り取った写真の姿を「あなた」だと認識しています。

見た目や声だけでもそうなのだから、話している姿を見たら、もっとショックを受けるかもしれません。でも、**早いうちにしっかりと傷つくことで、「こんな口癖はやめよう」「表情が怖いから笑顔を心がけよう」「結論から話すようにしよう」など、改善点が見えてきます。**

鏡を見ながら話してみることで自分の表情の変化や姿勢をチェックするのに慣れたら、PCやスマホのインカメラで実際に録画してみましょう。

ちなみに私はよくYouTubeに自分が話している様子をアップするのですが、話すときに口角がいつも下がっていて怖いなあ、謎に頭をぶんぶん振るなあ、「していただければと思います」「あの」「その」が多すぎだなあ、と反省しています。人のクセは気になるのに、自分のことは録画しないとなかなか気づかないものですね。

録画してみると、準備したものをただ読み上げるだけだと不自然になることにも気づきます。**自然に話せるようになるにはどうしたらいいかについても、録画することで考えるきっかけになります。**

最初は照れくさいし恥ずかしいし、いたたまれない気持ちになりますが、最初にしっかり傷つくことが大切です。慣れると、場数が増えるにつれて話が上手になっていくのでモチベーションが上がりますよ。

週末アウトプット1時間コース③

話し言葉を文字起こししてみて「一粒で二度おいしい」状態にする

文章を書くのが苦手で時間がかかる、パンパンになって削れない悩みを持つ場合は、**まずは話してみて、それを文字起こしするとスムーズにいく場合もあります。**先ほど紹介したインタビューにチャレンジしたら、文章に変えてみてもいいですね。そうすれば、文字でのアウトプットと音声でのアウトプット、両方作れます。

たとえば、アニメをイメージするとわかりやすいと思います。漫画がアニメになったり、そのアニメキャラがグッズになったりしますよね。そんなふうに、元のものをいろいろな形で使えるようにすることを「ワンソース マルチユース」と言います。これは、企業だけでなく個人が活動するにあたっても、とても重要な考え方になります。

たとえば私の場合は、**得意なパワーポイントで作った動画コンテンツの音声を抜き出し、テキスト化してnoteで有料販売しつつ、ある程度まとまったら書籍化につなげています。**

手順は次の通りです。

まず、パワーポイントで資料を作成し、音声つきで録画をします。

それを文字起こしする機能を使って、自動文字起こしをします。

いまは文字起こしのツールはたくさんありますので、いろいろ試してみてください。精度が高いので直しはほぼないのですが、改行や読みやすさや、聞くときはこれでよかったけど読むときはこの表現がいい、などの点に注意して編集します。改行などの微調整はAIに指示をして修正してもらうこともできます。このようにしてテキスト版を作成します。

そして、私の場合はこのテキストを朝キャリに興味がある方に向けてnoteで有料販売をしています。

文字起こしで労力にレバレッジをかける

文字起こしのおかげで、これまでは頭の中にあるコンテンツをうんうん唸りながら書いていた内容が、すでに編集するだけの状態になっているため、書籍化の作業もかなりラクになりました。

このように、**苦手なことを頑張ってマスターするよりも、どうしたらまるっと効率化できて、一度の労力で大きな効果を得られるかを考えてみましょう。**

また、文字起こしするようになってわかったメリットはもうひとつあります。

私の場合、実際に会うと「優しい方ですね」とか「親しみやすい」「おもしろかったです」と言われるのに、本やネットの寄稿記事だけを読んでいる方には、怖い人に思われていたようです。「怒られるんじゃないか」「こんなのダメ」とビシバシしごかれるのではないか、と思われるのが悩みでした。

それが、**話し言葉を文字化することによってやわらかい表現になって読みやすくなったようで、「怖い人」の誤解が解けました。**これは嬉しい誤算でした。

Chapter 4

アウトプットの核を整え
マネタイズを目指す

「作る」編

「作る」アウトプットはモジュール化がカギ

「書く」「話す」のパートでアウトプットに徐々に慣れてきたら、今度は「作る」にチャレンジしていきましょう。

「作る」とは、自分のコアとなる主義や主張、理念を社会のニーズと合致させ、周囲に役立つ形で発表できる状態に作り込み、最終的にはマネタイズ（収益化）を目標に活動の準備をする作業です。

「作る」アウトプットでは、自分自身すらも気づいていなかった、あるいはつらかったり嫌なことすぎたりして記憶の底に押し込めて忘れていたようなことも思い出す必要があります。

なぜなら、**自分が嫌なこと、隠したいこと、別に大したことがないと思っていることやコン**

プレックスが、ほかの人にとってはお金を払ってでも得たい情報の場合も多々あるからです。

必死で「隠そう」と思い、誰にも言っていないから価値が見つかっていないのです。

そのまま、素のままでいればいいのです。着飾ったり、よそ行きにしようと必死になって隠しているうちに、あなたの素敵なところまで隠れてしまいがちです。

とはいえ、自分の「素」すら自分ではよくわかっていない場合も多いので、まずは**外にアウトプットする前に、人に見せなくていいので、自分だけに向かって表現するつもりで自分自身の中身を絞り出すように「だし」を出す練習をしてみましょう。**


また、「作る」アウトプットは最終的には、あなたの「中身」をアウトプットすることで周囲の役に立ち、マネタイズするところまでを目指すものですから、ほかのチャプターより準備の時間がかかります。いままでよりも取り掛かるのに少し骨が折れたり、じっくり取り組む必要があったりするものが多いです。

特に、**「人生年表」と「自分経営理念」**は、時間をかけた取組みが必要です。

でも、大丈夫です。

一気に作ろうと思うとおっくうだったり、怖くなったりしてしまいますが、このチャプターでは一つひとつのステップを時間ごとに分解し、「モジュール化」して捉えていきます。

エンタメをインプットしながら価値観を見つけよう

まずは手始めに、トータルで考えると少し時間がかかるけど、実際やってみると楽しい、週末時間がたっぷりあるときに楽しみたい、自分の価値観を知るためのアウトプット方法を紹介します。これは「作る」パートの中でも最も取り掛かりやすいものです。**エンタメを楽しみながら自己理解が進み、自分が大切にしていることや価値観がわかります。**

次の3つのステップをモジュールとして、エンタメをインプットしながら自分が大切にしている価値観を見つけていきましょう。3つのステップを一気に進められなくてもOKです。目安となる所要時間を記載しますので、週末の時間に組み込んでいきましょう。

モジュール❶　思い出す……好きなエンタメをあげる（15分）
モジュール❷　浸る………どっぷりとその世界に入り込む（エンタメにより30分〜5時間）
モジュール❸　分析する…なぜ好きなのか？　を分析する（30分）

具体的に解説します。

まず**モジュール❶**は、**「思い出す」**です。

「自分の人生で感動した映画」を2〜3本あげましょう。

映画を見ない人なら小説、漫画、ドラマなどのエンタメでもOK。「自分の人生で感動したエンタメベスト3」をあげてみてください。エンタメならなんでもいいです。音楽の歌詞で自分が影響を受けたものなどでもいいです。

モジュール❷は、**「浸る」**です。❶であげたエンタメに、どっぷり浸りましょう。

この瞬間は、「これを何かに活かそう、アウトプットしよう」とは思わなくてOKです。

いまを味わいましょう。体で感じるように浴び、どっぷり浸ってみてください。

モジュール❸は、**「分析する」**です。

浸ったあとは自分を冷静に振り返って「どこに心を揺さぶられているのかな?」とか、「いつも涙が出てくるポイントはどこなのかな?」とか、「どこに怒りを感じたか?」「どこに感動したか?」をメモに取ってください。そして、自分の感情の動きを細かく観察します。そして、それらに共通する価値観を言葉にしてみてください。**感情が揺さぶられるのはどんなときで何かがわかると、自分がこれから大切にしていきたい考えも明らかになってきます。**

具体的にどのように言語化していくかを、私の例をあげながら紹介します。

モジュール❶ 思い出す……好きなエンタメをあげる
モジュール❷ 浸る……どっぷりとその世界に入り込む

について、私の場合は、映画であげてみると、次の3作品になりました。

- **ショーシャンクの空に**
- **レ・ミゼラブル(2012年版のヒュー・ジャックマン主演のもの)**
- **ライフ・イズ・ビューティフル**

モジュール❸ 分析する…なぜ好きなのか？ を分析する

映画に浸ったあとで分析すると、こんな言葉が出てきました。

決めつけられて理不尽な思いをしていた人やずっと芽が出ずつらい思いをした人が、希望を捨てずに視点を変えて理想の道を突き進む。そういう映画が、私は本当に大好きなんです。なので私は、そういう人を応援したいし助けたいと思うし、自分もそうありたいと考えています。

このように、大好きな作品をゆっくり観つつも、自分のことがわかるなんて、オトクだと思いませんか？ どんなことが好きか？ どうしたいか？ もあわせて考えることができますので、まとまった休日の時間に楽しんでみてください。

週末アウトプット15分コース

ネタ切れを防ぐ！ アウトプットし続けられるネタを探してみる

アウトプットのスタート段階では続けられても、なかなか習慣化できずに止まってしまう場合、原因の1位が「ネタ切れ」です。「始めたはいいが、続けられなかったらどうしよう？」と心配になりますよね。

実は、アウトプットが習慣化していけばいくほど、ネタ切れには困らなくなります。

なぜなら、アウトプットを続けていくうちに、周囲から質問がたくさんくるようになり、それに答え続ければよくなるからです。

ただ、そこまでに至る道が大変ですよね。自転車のこぎ始めが大変であるように、最初は誰からも反応がなく、のれんに腕押し。無風の状態から、質問がたくさんくる状態に至るまで、反応がないままコツコツ続けるのは根気が必要です。そこで、根気が続くためのネタの探し方について解説します。

特に「○○養成講座」など、何か資格を得るために勉強をし続けたのち、晴れて資格が取れて「さて、どうしよう?」という状態の人が陥りがちなのは、学んだ知識を、教科書などの参考書をもとに自分なりに噛み砕いて紹介するアウトプットです。

はっきり言って、これはNGです。

専門知識の教科書のように一章、二章、三章、と順番に毎回発信していこうと思うと、最初はラクかもしれませんが、その教科書が終わった時点で更新がストップします。**教科書に書いてある内容を順番にアウトプットしていれば、枯渇するのは時間の問題です。**

また、あなたよりも教科書のほうが正確なので、あなたのアウトプットがただの劣化版になる可能性も高いです。自分「ならでは」の視点を持って、「だし」入りで教科書の解釈ができればいいですが、最初はなかなか難しいですよね。

ニュース＋だし＝オリジナルなアウトプットになる

では、どうするか。

キーワードは「ニュース」です。

ニュースは「News」、つまり、新しいことです。日々生活しているとニュースはどんなときも絶対に毎日流れますよね。ですから、アウトプットのネタとして「ニュース」は最適です。ニュースを題材にすれば、「今日は何を話そうかな？」と、ネタ探しに奔走することはなくなります。

といっても、「時事ニュースだけにしなければ」などと限定する必要はありません。**本やマンガ、エンタメなど、毎日無限に生まれてきて、なくならないものを題材にすればなんでもOKです。**何か、ずっと仕入れ続けられるものを題材にしましょう。本は毎日出版され続けていますし、ニュースも日々生まれるので「次はどうしようかな？」と悩む時間も短縮されます。

私も「早朝グルメの会」というレストランでおいしい朝食を食べる会を長年開催していますが、早朝営業のレストランは次々と新しい店が登場してきますし、なくなってしまう心配もないので、ずっと続けることができます。

ただし、ニュースをただ右から左に流すだけなら報道機関のほうが信頼できるので、また劣化してしまいます。そこで大事になってくるのが、あなたの「だし」です。

ニュースの内容を、自分はどう見るか？　どう考えたか？　つまり、「だし」を入れてアウトプットするんです。

もし、あなたの経験を生かし、お金の知識をアウトプットしたいのであれば、お金に関わる読書会やニュースを報告する会を開き、あなたならではの視点で議論する場を作るようにするとネタ切れしません。

あなたならではの視点が、「だし」です。

単なる要約だとＡＩのほうが上手なので、あなたの視点が一番重要です。

とはいえ、「だし」を出すのが難しいですよね。以下の項目で紹介する「人生年表」「自分経営理念」を作れば、自分の「だし」とは何かがだんだんとわかってくるので詳しくは以下の項目にゆずりますが、まだ自分に「だし」がないと思っていたとしても、まずは始めることが大事です。

始めてコツコツ積み重ねていくうちに質問が増えてきます。**質問に答える循環が生まれ**

ると、それ自身が尽きないネタになります。

私の場合も、2018年から続けている「朝キャリ」で日々メンバーの悩みを聞いているおかげで、それに回答し続ければそのままアウトプットが蓄積されるようになりました。発信すればするほど、ネタがどんどん増えていくようになりますので、「枯渇しないネタ」で、「自分の視点」を加えられそうなものを探していきましょう。

①週末アウトプット30分コース

「え？ こんなのでいいの？」を見つけるアンテナを立てる

「自分の視点」といっても、大げさに考える必要はありません。「え？ こんなことでいいの？」と思うぐらい簡単なところから始めてみましょう。

週末アウトプット成功事例❷ はなまるを。さんの場合

管理栄養士で、レシピをインスタグラムで公開している朝キャリメンバー、はなまるを。さんは、簡単すぎるのでレシピは必要ないか、わざわざ書くのもめんどうだしなと思い、ある日、「ゆず果汁入り甘酒」について、写真だけを投稿しました。

投稿を見た妹さんから「レシピはどこ？　載ってないから作り方がわからない」と連絡があり、自分にとっての「大したことない」がそうではないことに気づいてハッとしたそうです。

「こんなのみんなわかるでしょう？」とあなたが思う、ずーっと手前でつまずいている人はとても多いのです。

実際、甘酒にゆず果汁を入れたらおいしい、は、簡単で新たな発見ですし、どのくらいの量を入れればおいしいのか詳しく知りたいですよね。

発信に気負ってしまい更新頻度が減るよりも、気軽な「名もなきレシピ」を多く発信したほうがいい場合のほうが多いんです。

はなまるを。さんは、妹さんから指摘を受けたとき、最初はムッときたけれど、「待てよ」と感じ、自分の行動を振り返り、「これはチャンスだな」と思えたそうで、視点の変化が素晴らしいなと思いました。

こんなふうに、自分が無意識にやっている「当たり前」を見直してみましょう。

価値は「あなたが言うまでもない」と思っていること、自然にしていて「みんなできるでしょう」と思っているところにあります。

「当たり前」を言語化する2つのモジュール

とはいえ、「それが難しい！」という話なので、「当たり前で自然にやっていること」をどうやって言語化していくかを紐解きます。

モジュールは次の2つです。

モジュール❶「え、そうなの？」と驚かれたことを思い出す
モジュール❷ 行動ログをつけてみる

1つ目は、「え、そうなの？」と驚かれたことを思い出してみましょう。たとえばこんなことです。

資料作成の場合

いきなりパワーポイントを開かず、話の流れをノートに下書きする

料理の場合

野菜の切り方で味が変わるので工夫している

茹でるときに塩を入れる場合と、入れない場合がある

ファッションの場合

ファッション番長は、お盆を過ぎたらノースリーブは着ないようにしている

リスクマネジメントの場合

インスタに「いま、ここにいる」は載せないで、お店を出てから発信する

たとえば、私の場合、資料作成の専門家としていろいろ活動をしてきましたが、いきなりパワーポイントを開かずに、話の流れをノートに下書きしてから作るようにしていました。

いまでは慣れたのでいきなり作ることもできますが、この手順を踏むことでスムーズに作れるようになります。

モジュール②は、「行動ログをつけてみる」です。

無意識にやっていることは、本当に無意識なので気づきにくいです。

「普通にやっているから何も教えることがない」と止まってしまうこともあります。

そこで、**自分が何をしているのかを「いちいち」記録することをおすすめします。**

この2つを意識すれば、自分の「一歩前」でつまずいている人がだんだん見えてきますよ。

自分の発信の「型」をまず仮決めしてみよう

ブログやSNSに限らず、報告書や提案書など何か対外的に情報や考えをまとめるとき、どこからどう作り始めたらいいのか迷うことがありますよね。ゼロから何かを作ろうと思うと止まってしまうので、「この場合はこういう順番でまとめる」といったように自分なりの「型」を決めておくと、「型」に沿って中身を埋めればいいのでラクになります。

たとえば、次のようにモジュール化してみましょう。

モジュール❶　この人の話はわかりやすいな、読みやすいな、と思った人の「型」を研究する（30分）
モジュール❷　自分なりのオリジナルの「型」を考えてみる（1時間）

「型」は、最初からオリジナルを作ろうとするとそれはそれで固まってしまうと思うので、**既存の型を使ったり、「この人の話、本当にわかりやすいな」とか「読みやすい文章だな」という人の真似から入ったりしてもかまいません。**「いいな」と思う人が、どんな順番で発信しているかを分析し、真似するところから始めてみましょう。

たとえばChapter3で紹介した「PREP、CRF、SDS」をまずマスターしてもいいですし、自分が「いいな」と思っている人のアウトプットがどういう構成になっているか、プリントアウトして枠で囲ってみて、構成を研究するのもいいですね。

まずは実在の「型」を研究して、慣れてきたらオリジナルの「型」を作ってみましょう。これが**モジュール❷**です。

たとえば私は、2018年から6年間、毎週欠かさず朝キャリで動画を配信しています。時間にすると10～25分程度の動画で、文字数だと5000字から1万字相当の内容を毎週アウトプットできています。このように毎週アウトプットができている秘訣は、自分なりの「型」です。

具体的には、こんな感じです。

今日の話は朝キャリで提唱している「理想のキャリア形成5つのステップ」のうちの○番の話です

↓

この動画は、こんなお悩みを持つ方におすすめです

↓

こんな出来事がありました／解決策はこうです

↓

今日のまとめ＆ワーク

いろいろな方のお悩みを聞いてきた経験や、会話でひらめいたことを、この「型」に沿ってまとめているから、長年休まず毎週続けられています。

週末アウトプット成功事例③　さとコーチの場合

半年間毎日インスタ発信が継続できた朝キャリメンバーのさとコーチは、外資系の金融機関で働きつつ、会社の許可を得て副業もしています。お子さん向けのお金のコーチの副業で、先日ファーストキャッシュ、つまり、はじめてお金をセミナーでいただくことができました。日々のニュースを題材にして子どもが自分の頭で考えるようになる、そのための大人がどう声かけするかのヒントをインスタ上で提供しています。
さとコーチの「型」は、このようになっています。

子どもに話しておきたい本日のニュースは？
⬅
子どもに話すシチュエーションの紹介(例　スーパーに一緒に行ったときの会話 など)
⬅
ニュースの概要
⬅
ニュースの影響で、いまどんなことが起きている？
⬅
なぜ、そうなっている？
⬅
自分で考えてみよう

最後に、自分で考えてみて「これって、どうなのかな？」「将来どうなるかな？」という、答えがないところも含め、提示して終わる形になっています。

週末アウトプット成功事例❹ かすがもとこさんの場合

また、ワーキングマザーが長く働き続ける秘訣を伝えたいと活動をしている朝キャリメンバーのかすがもとこさんは、ワーママの合言葉として「じ・ぞく・か・のう」＝持続可能をテーマに、ブログを発信しています。「じ・ぞく・か・のう」とは、「じ＝人生長い、ぞく＝属人化しない、か＝家事は手抜きがちょうどいい、のう＝NOと言っていい」というものです。毎回ブログのテーマを「じ・ぞく・か・のう」のうちのひとつに絞るという「型」があるため、テーマに統一性を持たせてアウトプットができています。

このように「型」の流れが決まってくると、日々起こるニュースや家庭での出来事を題材に、それぞれの「だし」と「型」でアウトプットが続けられるようになります。

「だし」入りアウトプットの本丸「人生年表」を作ろう

さて、ウォーミングアップが済んだら、次はいよいよ「作る」の中で、自分の「だし」を知るのに重要な「人生年表」と「自分経営理念」の作成に取り掛かります。まずは「人生年表」を作り始めましょう。

人生年表作成をモジュールに分解すると、次のようになります。時間はあくまで目安です。過去を思い出すプロセスなので、人によって集中して思い出すよりも、途切れ途切れでふと思い出す場合もあります。

モジュール1 人生年表（表タイプ）の「三大嬉しかった・悲しかった」を書き出す（半日）

モジュール❷　人生年表（表タイプ）の「どうして？」を埋める（半日）
モジュール❸　表タイプを参考に人生年表（グラフタイプ）を記載する（半日）
モジュール❹　人生年表で得た気づきをメモする（1時間）
モジュール❺　人生年表をプレゼンするつもりでまとめる（半日）

なお、「人生年表」の作成は、人によっては自分でも蓋をしている嫌な思い出を掘り起こすことから、身体に影響がある場合があるので、心身が健康なときにすることをおすすめします。

特に、現在精神科および心療内科に通われている方は、症状の治療を優先させてください。主たる症状の回復のめどがついたうえで、主治医とタイミングを相談してから進めていきましょう。該当される方や、やろうとすると、どうしても心理的抵抗から止まってしまう方は、まずは「人生年表」作成以外のところから始めていき、心身が整って、自分自身でもチャレンジしたい、と思えるようになったら作成を始めてみてください。

週末アウトプット半日コース「人生年表」モジュール❶

表タイプの「三大嬉しかった・悲しかった」を書き出す

日記や手帳の過去の記録を眺めながら（日記や手帳を書いていない人は過去の記憶をたどりながら）、153ページの「人生年表」に、**学校、会社など節目ごとに、それぞれ「三大嬉しかったこと」「三大悲しかったこと」を記入し、その理由も記入します。**

この作業は過去をじっくり振り返るものなので、数分でちゃちゃっと終わらせることは難しいでしょう。取りかかるのは少し面倒かもしれませんが、1回につき半日ずつ、1カ月くらいかけて少しずつ進めてみてください。

作業が終わったあと、図として眺めたとき、自分の性格やいままでの過去の出来事がいまの自分にどう影響を与えているか、自分が何を「好き」だと考えているかが「見える化」

できます。

人生年表の節目

●誕生〜幼稚園や保育園　●小学校　●中学校
●高校　●専門／大学　●社会人1社目
●社会人2社目　●社会人3社目…

社会人生活が長い方や転職を多くしている方は、1社目、2社目……と会社ごとに、それぞれ「三大嬉しかったこと」「三大悲しかったこと」を続けて書きます。また、1社で長くいろいろな部署や立場で仕事をしてきた方は、立場や仕事内容が変わるごとに書いてください。

書き込む順番は時系列でなくてもかまいません。

誕生から順番に書く必要はないです。思い出した順から書いて結構です。最初からやろうとすると、忘れていて、そこで止まってしまうので、思い出しやすい最近のことから書いたりしても全く問題ありません。思い出したところから埋めていきます。

この作業を始めると、**思い出せないところが出てきますが、そのときはいったんお休みし**

人生年表❶（表タイプ）　名前

	三大 嬉しかった	どうして?	三大 悲しかった	どうして?
誕生～ 幼稚園 保育園	● ● ●	● ● ●	● ● ●	● ● ●
小学校	● ● ●	● ● ●	● ● ●	● ● ●
中学校	● ● ●	● ● ●	● ● ●	● ● ●
高校	● ● ●	● ● ●	● ● ●	● ● ●
専門／ 大学	● ● ●	● ● ●	● ● ●	● ● ●
社会人 1社目	● ● ●	● ● ●	● ● ●	● ● ●
社会人 2社目	● ● ●	● ● ●	● ● ●	● ● ●
社会人 3社目	● ● ●	● ● ●	● ● ●	● ● ●
	● ● ●	● ● ●	● ● ●	● ● ●
	● ● ●	● ● ●	● ● ●	● ● ●

て、全く別なことをしたり、しばらく寝かせておくと、ふとした瞬間に思い出したりします。決められた時間内でゼッタイに作りあげてやる！　といったように気合を入れずに、ふと思い出す瞬間を待つような気楽な気持ちで始めるのがポイントです。

1日で書こうとすると思い出せなかったとしても、書き始めると自分の中にアンテナが立ち、「そういえばそうだったな」などと思い出します。

また、**思い出せない場合は、無理やりひねり出してもいいので、各項目、必ず3つ以上「嬉しかった」「悲しかった」を書いてください。**なぜなら、自分でもすっかり忘れていることや、思い出したくない思い出も掘り起こしていくことで、「だし」のヒントが見つかるからです。

逆に、3つ以上書ける場合は、書けるだけ書いてOKです。

週末アウトプット半日コース「人生年表」モジュール❷

人生年表（表タイプ）の「どうして？」を埋める

「三大嬉しかった」「三大悲しかった」を書き終わったら、その横に理由を書き出していきます。

「どうして？」は客観的事実でなくてOKです。自分の主観満載で書いてください。

強い想いは、主観から湧き出てくるものだからです。

なので、冷静に周辺環境を分析して理由を書くのではなく、自分がどう感じたかを意識すると書きやすいでしょう。

たとえば「お母さんは私より弟が大事なんだ、と感じて悲しかった」といったように、主観満載で書いてください。

表タイプを参考に「人生年表」（グラフタイプ）を記載する

次に、表としてでき上がった人生年表を158ページのようにグラフ化していきます。**時間軸は横軸、自分の感情の流れや、状況の変化を縦軸にして書いていきます。**

表タイプを書き上げてから眺めてみると、人生の中で最大に嬉しかったこと、最大に悲しかったことが見つかります。その際、**「最大に嬉しかった」をトップオブトップに、「最大に悲しかった」をボトムオブボトムにして、そこからの感情の動きをグラフにします。**

特に、**グラフの折れ線の角度が大きいところ、つまり大きく下がったり、上がったりしているところに自分の「だし」となる強みや、ピンチにどう行動したとか、自分の信念が隠れている場合があります。**人生の岐路やトピックにどう反応したか、何を学んだかに皆さんらしさが現れます。なので、それを思い出して、今後に生かすのが人生年表の目的です。

人によって線の形はさまざまです。プライベートの充実と仕事の充実が連動している人もいますが、逆に反比例している人もいます。反比例していることがわかったら、仕事とプライベートに分けて2本の線を書いてもかまいません。線が複数になるときは、たとえばプライベートの変化はピンク、仕事の変化は黄緑といったように、色で分けてもいいですね。

書き進めると、上がりパターンと下がりパターンに傾向が見えると思います。そういった傾向をメモしていきましょう。グラフが上がったり下がったりする瞬間のところで何があったかをメモします。そのことによって、自分の人生の流れの共通点が見えてきます。特に、嬉しいこと、悲しいことに何か共通点がないかを、ぜひ見ていきましょう。

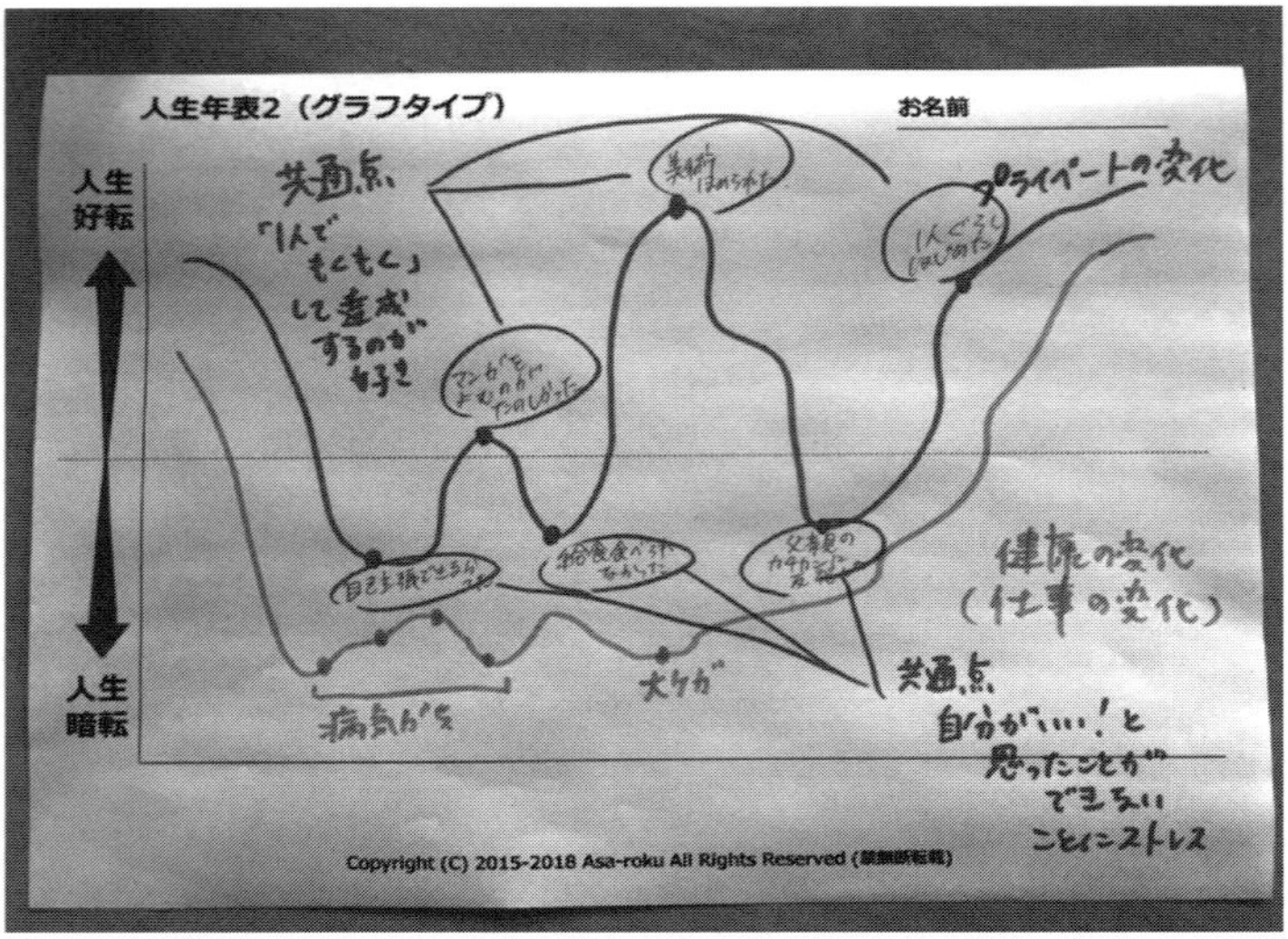

最大／最低　嬉しかったこと／悲しかったことを記入する

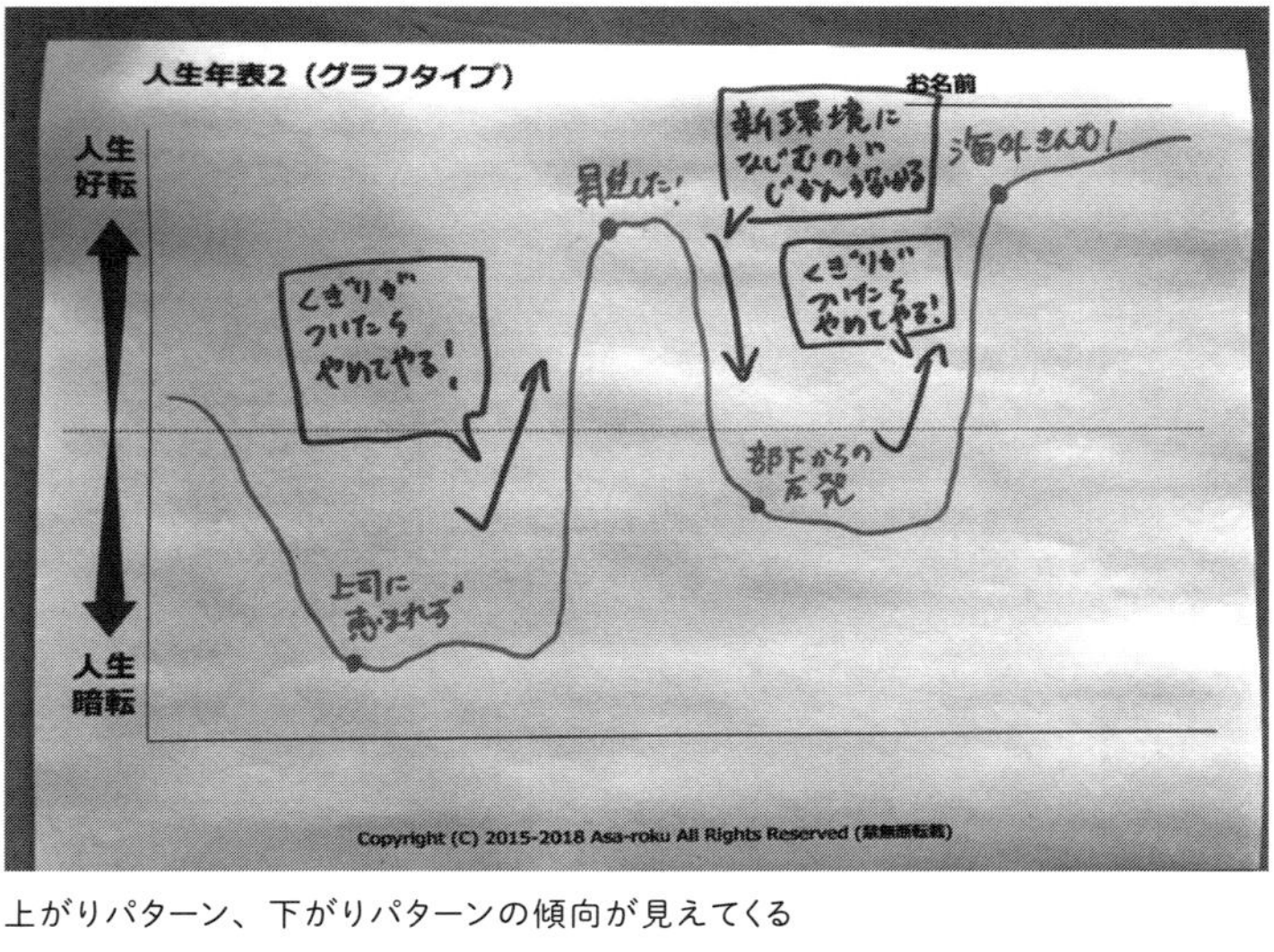

上がりパターン、下がりパターンの傾向が見えてくる

人生年表❷（グラフタイプ）

名前

人生好転

人生暗転

週末アウトプット半日コース「人生年表」モジュール④

人生年表で得た気づきをメモする

人生年表が完成したら、気づきをぜひ言語化してください。具体的には次のようなものを言語化します。

- トップオブトップ、ボトムオブボトムは何か？
- 上がりポイント、下がりポイントの傾向はあるか？
- 転機にどんな行動をして、その結果どうなったか？
- 自分が幸せだと思う、嬉しいポイントは何？／逆に許せない、嫌なことは何？
- よくも悪くも影響が大きかった人や言葉、行動はあるか？
- 人生年表を完成させた結果、何を大切に生きていきたいと感じたか？

上記の項目（文章）だけを見て振り返ってもなかなか書き出せませんが、人生年表を書き上げると、自分のことが見えてくるのがわかるでしょう。

特によくも悪くも影響が大きかった人の言葉で「カギカッコつき」で生々しく覚えているものがあれば、しっかり思い出してください。「カギカッコつき」で、そのまま覚えているということは、それだけ強烈な影響を受けており、いまのあなたの価値観の土台になっていることが多いです。

人生年表で成功パターンを見出し、転職を考え直す

人生年表のグラフタイプを作ることによって、自分の勝ちパターン、負けパターンを知ることができたという人も多いです。グラフが上がったとき、下がったときに何があって、どういう行動をして、どうなったかを見てみると、おもしろいように同じ成功パターンだったと気づいた方もいらっしゃいました。

その方は、1社に新卒から長く勤めていました。会社を辞めるべきかどうか迷っていた

のですが、人生年表を書くことによって「こんな会社辞めてやる！」と思って仕事に取り組むと必ずよい結果が出ることがわかりました。

その理由は、「きりがよいところで、あと3カ月後までこれを頑張ったら辞めてやる！」と思うと、最終的なラストスパートがかかって燃えるからでした。辞めるつもりで本気になって頑張った結果、よい仕事ができて評価されて昇進したり、海外勤務が実現したりしたことに気づいたそうです。

つまり、辞めてやる！→辞めてもいいくらいの覚悟でラストスパート→高評価、そういうパターンが毎回生まれていることがわかったのです。その結果、いまの会社を辞めずにここで頑張り続けよう、辞めたいと思ったときが頑張りどきだな、と気づいて辞めるのを踏みとどまったそうです。

人生年表をプレゼンするつもりでまとめる

こうしてできた人生年表を、自分の身内ではない外側の人にプレゼンするつもりでまとめてみましょう。5分、長くても10分で自分の人生をまとめるとしたらどうするか？ を考えることで、頭の整理にもなるうえに、次のチャプターの「行動する」段階で自分が何者かを説明する自己紹介のベースにもなります。

プレゼンとしてまとめるコツは、「時系列で話さない」ことです。

「人生年表」という響きからか、プレゼンするつもりでまとめると、自分の幼少期から現在までを時系列で話す人が多いですが、ポイントがわからないままずっと話を聞き続けるのはキツイです。そこまで集中力がある人は、なかなかいません。ですから忙しい人にもポイントがわかるような工夫をしましょう。

ポイントは「拡散」のままアウトプットせず、「収束」させてからアウトプットに向かうことです。人生年表で過去の記憶を掘り起こす作業は「拡散」です。全部頭の中から吐き出すような作業なので、それをプレゼンで「収束」させるイメージでやっていきます。

相手に理解してもらいやすいアウトプットの方法はたくさんありますが、今回はチャプター3でも紹介したPREPを意識して練習してみましょう。

PREP法を改めて紹介すると、次の言葉の頭文字で、Reason（理由）とExample（事例）をPoint（主張）で挟み込むアウトプットの方法です。

- **Point（主張）**
- **Reason（理由）**
- **Example（事例）**
- **Point（主張）**

この型を使って話をするとわかりやすいと言われることが多く、コンサルティング業界などでよく使われるものです。

人生年表で棚卸ししたものをPREPでパッケージし直すというイメージで考えていきましょう。

具体的には、次のような感じです。

最初の「Point」、つまり主張の部分で「あなたはどこに向かいたいの？」「何をしたいの？」を話します。

「Reason」では、どうしてそう思うのかを話します。

「Example」では、そう思うに至った過去は何？　を話します。

最後の「Point」で、主張をもう一度まとめます。

そういう使い方をしてみてください。

「Example」の部分では、人生年表の具体的なトピックをあげます。そして、そのトピックの共通点から出てきた想いや、これからどうしたいのかが、PointとRea son、つまり次の3つにあたります。

- **あなたはどこに向かいたいの?**
- **何をしたいの?**
- **どうしてそう思うの?**

具体的には、次の手順で文章化してみましょう。

最初に、人生年表で見えた自分を表すキーワードを1~3つほどあげます。

これが、PREP法の「Point」にあたります。

次に、キーワードにまつわるエピソードを紹介します。

これがPREP法のReasonとExampleにあたります。

最後は、そのキーワードを活かして、これから進む方向性を表現し、何を始めるかを宣言していきましょう。


たとえば、次のような感じでまとめていきます。

次項で説明する「自分経営理念」を「言いたいこと、やりたいことを自由にできる世の中へ」ということで活動を始めた方の例です。
この方の強みは次の４つでした。

- **短期集中**
- **成果**
- **自由**
- **特別感**

具体的なエピソードとしては、野球部にいたときに「上が絶対」という体育会系の考え方にすごく違和感があったそうです。なので自由への憧れが募っていきました。

学生時代は選抜制の留学試験に合格しました。この合格に向けて集中して勉強をし、成果が出たこと、選抜制度をくぐり抜けて特別感を味わえたこと、やろうと思うと自分は行動が速いんだとわかったことが気づきです。ただ一方で、やりたいことを止める立場の部署に会社で配属されてしまいました。そうすると、自分はやりたいことをどんどん推進していくタイプなのにできないこと、自由がないことにすごくストレスを感じたそうです。

ただ、そこであきらめるのではなくて、直談判して希望部署に行くことができたそうです。このような考えから、今後の行動を宣言していただきました。

いまの仕事は強みの4つのキーワードのどれも満たしているので続けていきたいという気持ちがありますが、会社の都合で2年ごとにジョブローテーションがあるそうです。今後自由な環境を選べなくなる可能性があるので、今後は、副業での自己実現も視野に入れて活動を進めていくという方向性が見えてきました。

なので、副業の切り口で4つの強みが生きるものを探してみることから始めようと決めました。このように、シートに書き出すことによって、今後進むべき方向性がビシッと定まって、これからやりたいことに進むことができるようになります。

「人生年表」ができたら「自分経営理念」に取り掛かろう

人生年表ができ上がったら、次に「自分経営理念」を作っていきます。「自分経営理念」とは

1　私たちは何のために存在するのか
2　どんな未来を夢見ているのか
3　そのために、これからどんな行動をするのか／どんなサービスを提供するのか

といった、**会社が掲げる経営理念を、自分自身も掲げるものです。**自分が目指す理想の世の中、泉のようにこんこんと湧き出る情熱を一言に凝縮したものだと思ってください。

終身雇用が崩壊した現在、会社が一生社員を抱えることは不可能です。

今後はプロフェッショナル人事、プロフェッショナル広報、営業事務全般といったように、さまざまな分野のプロが社員ではなくプロジェクトベースで入り、プロジェクトが終わったら解散といった企業経営をせざるを得なくなっていくでしょう。

そうなると、企業が強いというよりは個人がどんどん強くなっていきます。

その先には、スキルのマッチングで企業に選んでもらうのではなく、「理念」のマッチングであなたが会社を選ぶ時代も訪れるでしょう。

つまり、**「私はこれができるから、企業さん選んでください」ではなく、「私はこんなスキルを持っていて、こんな理念を持っているから、あなたの理念と本当に共鳴するから参加してあげますよ」といった感じで、自分で会社を選べるようになる**のではないかと、私は考えています。

スキル＋理念が合う会社なら働いていても楽しいし、会社とともに頑張ろう！　と思えるようになります。そんな未来がいずれやってくるので、個人の経営理念をいまからぜひ、皆さんには定めておいていただきたいと考えています。

人生年表を眺めると、あなたのいまを形づくった出来事に、何かしら共通点があることがわかるはずです。

- **人生観が変わった出来事は何か**
- **その結果、どんな信念を持つに至ったか**

それをもとに、**ご自身の信念や「こんな未来だったらいいな」という気持ちを言語化していきましょう。**

ちなみに、私の現段階の自分経営理念は「決めつけからの解放」です。自分で自分を決めつけたり、周囲に決めつけられたりすることに屈することなく、自由に人生をデザインできる人を増やしたい。そういう思いで活動しています。

自分の過去を振り返ると「敵」がいました。

敵とは、次のような悔しい経験です。

- **小さい頃IQが低いと授業中に先生に言われた**

- **大学に入ったばかりのときに田舎者扱いされた**
- **20代で窓際社員になってしまった**
- **「使えない奴」とジャッジされた**

人をジャッジする人たちが「敵」という部分もありますし、その状況に惑わされて、自分自身も「自分ってダメなんじゃないか」と、思ってしまったことも「敵」です。そこからどうやっていまの状況に至ったかというと、次の「手段」で這い上がってきました。

- **早起き**
- **プレゼン&アウトプット**
- **思考整理**
- **目標達成**
- **習慣化**

これらのメソッドを使って、「決めつけからの解放」をした結果、自由に人生をデザインできるようになったという自分の経験をもとに、それを世の中に広めたい。そういう想いで私は自分を経営しています。

このように、**「自分経営理念」を仮決めできると、何か岐路に立ったとき、迷ったときに「そもそも私は何をしたいんだっけ？」と、立ち戻れる指標となります。**

人生の目標になるような、そんな大事なことを、いま決められない、と迷うと思いますが、**いまは「仮決め」でOKです。**

私の人生はこれだ！　と決めても、状況の変化で変わってくる場合もありますし、アウトプットを繰り返すことで周囲からの反応をもとにブラッシュアップすればいいのです。まずは仮決めでも「作る」ことが重要です。柔軟に、気軽に取り組んでいきましょう。

自分経営理念とキャッチフレーズは違うので注意

なお、自分経営理念とキャッチフレーズは混同されがちですが、明確に違うものです。

自分経営理念はあなたの「未来」で、キャッチフレーズはあなたの「いま」です。

自分経営理念は、自分が目指す理想の世の中を一言に凝縮したものです。つまり、現在の自分を表す言葉ではなく、こんな未来になったら最高だ！　という言葉です。

一方で、キャッチフレーズは自分の特徴を一言に凝縮したものです。つまり、いまの自分を端的に表したものがキャッチフレーズです。

朝キャリメンバーの「自分経営理念」を紹介します。


「芸術と医療の架け橋をデザインする」（アーティスト×エピテーゼの伊藤洋子さん）
※エピテーゼについては後述

「どんな自分でも生きやすい環境を作る」（人材サービス会社勤務のNさん）

「大切な人と人の心に思い出の橋を架ける」（ジュエリー販売＆終活カウンセラーの三宅典子さん）

「自分経営理念」を作った人たちのアウトプット事例

「エピテーゼ」といって先天性疾患や病気、怪我で失った耳や指、乳房などをオートクチュールで制作する道に進むことを決めた伊藤洋子さんが考えた自分経営理念は「芸術と医療の架け橋をデザインする」というものでした。
人材サービス会社勤務のNさんがキャリアに悩んでいる方を見続けていってわかった自分経営理念は「どんな自分でも生きやすい環境を作る」というものです。ジュエリー店の経営陣のひとりで、個人事業で終活カウンセラーもされている三宅典子さんの自分経営理念は「大切な人と人の心に思い出の橋を架ける」というものでした。

このように、「未来がこうだったらいいな、とか、こんな世の中だったらどんなにいいだろう！」と、言葉にすることで未来へのビジョンが見えるものが自分経営理念です。「自分がその世の中を作って見せる！」と思うと燃える方はそれでもいいですし、自分が作る、と言うとちょっとプレッシャーがかかりすぎるという方は、「その世の中を担う一員となる」と思えばOKです。**その理念を思うと、じんわり心があたたかくなるような、涙が出てしまうようなものが、「自分経営理念」です。**

一方で、キャッチフレーズは、このようなものです。

● 土台作りを手伝います

- マルチなコーディネーター
- 猪突猛進
- 転んでもただでは起きない
- 笑顔を忘れない

これは心がけとしてはいいし、自己紹介するときにもいいと思いますが、自分がいま周りから見てどう思われているかを一言で表すものなので、自分経営理念とは違います。

いま周りの人に何と思われようと、ふさわしくない、と言われようと、いまの自分とかけ離れていてもかまわず、「こうだったらいいな」と思う未来が、自分経営理念です。

自分経営理念をモジュールに分解すると、次のようになります。時間は目安です。

モジュール❶　人生年表をもとに、「こんな世の中だったら最高だ！」を考える（1時間）
モジュール❷　「そんな世の中にするために、自分は何ができるのだろう？」と考える（1時間）

週末アウトプット1時間コース「自分経営理念」モジュール①

人生年表をもとに、「こんな世の中だったら最高だ！」を考える

いざ、自分経営理念を考えよう、書こう！　と思っても、最初はなかなか進まないと思いますので、**まずは「理想の世の中」をイメージするところから始めてみましょう。**

いままでの人生を振り返って、人生年表を見直したりしながら、「こんな世の中だったらどんなにいいだろう！」と切望する世の中をイメージしてみてください。それをノートに書いたり、文章にしたり、得意ならイラストにしてみてもいいですね。ノートに写真などをコラージュしたり、Ｐｉｎｔａｒｅｓｔという、好きな写真や絵を集めることができるＳＮＳを使って、理想になる写真を集めたりしてもいいです。自身がイメージしやすいような感じでまとめていきます。

私の「決めつけからの解放」の場合を例にあげて解説します。

こんな世の中だったら最高だ！　では、こんなことを考えました。

誰もが自分の可能性の芽を自ら潰したり、周りに潰されたりすることなく、のびのびと生き生きと過ごせるようになったらどんなにいいだろう！

これを思うと、心がじわっとあたたかくなったり、涙が出そうになったり、心が奮い立ったりと、身体感覚にも出てくるようなら、それがあなたの「自分経営理念」です。

そこまで至らずなんとなく言わされていたり、借り物の言葉のような気がしたら、まだ自分経営理念にまでは至っていないので、キーワードを何度も出していって深掘りしていきましょう。その際に、130ページで紹介した「エンタメ」で感動した言葉なども思い出すと参考になると思います。

週末アウトプット1時間コース「自分経営理念」モジュール❷

「そんな世の中にするために、自分は何ができるのだろう？」と考える

次に、**「そんな世の中にするために、私は何ができるだろう？」をイメージ**してください。

このモジュールは、モジュール❶よりちょっと難しいです。なぜなら、「いまの自分じゃ無理だな、何バカなことを言っているんだろう」「夢物語だとバカにされるかもしれない」と、自分で自分にブレーキを掛けて止まってしまう可能性があるからです。**いまの自分の力で無理でもいいんです。何年後かにはできる可能性がありますし、あなたが全部を叶えなくても、そんな理想の世の中の一助を担えたら、それだけでも幸せだと思いませんか？**

ですからこれからどんな世の中を目指していきたいか、イメージを広げてみてください。

たとえば私の場合は、「決めつけからの解放」が実現できる世の中にするために、私は何

ができるだろう？　というところから、まずは自分自身がのびのびいきいき過ごせるようになった手段を伝えていこう、と考えるようになりました。

もともと不器用で、失敗することが多かった人生ですが、不器用だった分、周囲を注意深く観察したり、自分を通じて人体実験を繰り返してきたおかげで、「こうすればいいんだ」のノウハウがたくさんたまりました。ですから、それをできるようにするための方法を言語化したり体系化するのが得意な自分を活かしつつ、次の項目のような具体的な方法を伝えていくことによって、「決めつけからの解放」というプロジェクトをこの世で実現する！　と思うと、自分の心に火が灯され、燃えてくるんです。

- 朝活
- プレゼン&アウトプット
- 思考整理
- 目標達成
- 習慣化

自分経営理念があると、なんでもない日々も、自分プロジェクトを推進するためにある！

と思えてとても楽しいです。ぜひ皆さんもまとめてみてください。

自分ができてないのに何言っちゃってんの、と冷めそうになったときはどうするか

ここまでの話を聞いて、自分経営理念って難しそう……とか、私にはいまの段階で無理かも……などと、ひるんでしまう方もいらっしゃるかもしれません。

大丈夫です！　自分経営理念は、いま、自分ができていないことでも問題ありません。

なぜなら、自分経営理念は「こんな世の中だったら最高だ！」という自分の理想の状態を言語化したものだからです。自分がまだできていないこともいっぱいあるはずです。

でも、**理想の世の中を語ることができれば、仲間が増えます。そんなことを思っているのならひと肌脱いでやろう、という人が必ず現れます。**

私も、できていなくて毎回へこみます。「決めつけからの解放」と言っておきながら、私自身が周囲を決めつけて、いろいろジャッジして、ほかの人を傷つけたりすることもいっ

ぱいありますし、自分はしょせんこんなもんだな、とがっかりすることもあるんです。

自分が一番この難しさを知っていて、できないことも多くて、毎回失敗する。

でも、**だからこそ、人生をかけて追求する価値があると思いませんか？**

できないからこそ、一生をかけて修行していくのです。

自分ができていないことを理想に掲げるのはちょっとやめとこうかな、と思わなくてもいいです。自分の心の奥底にある情熱、キラキラした宝物を理想として掲げ、それを一生追求していこうと思うだけでいいのです。

アウトプットさえしておけば、いつか自分が志半ばでストップしたとしても、形として残ったものを見て心動かしてくれた誰かが引き継いでくれるようになります。

自分の「中身」を外に出しておかないと志はそこでついえてしまいますが、アウトプットすることで志は誰かの心に生き、永遠につながれていくのです。

人生年表→自分経営理念を作成すると、アウトプットすべてに「だし」が出始めます。自分の過去を振り返り、未来への種が見えたら、今度は周囲に伝える番です。

皆さんのビジョンを言語化したり、「こういうことをしたいんです」を伝えたりするベースはできたので、次は伝える術《すべ》を学んでいきましょう。

3年後の先取りプロフィールを仮決めしよう

自分経営理念ができたら、**自分が何者かを語るプロフィールを作ってみる**と、身内ではない外側の人に向けてあなたの夢や活動をアウトプットするときに役立ちます。

プロフィールを書こうというと、自分には関係ないと思う方もいらっしゃるかもしれませんが、**自分には関係ないと思う普通の人にこそ、プロフィールは重要です。**

何をやっているどんな人か、自分の活動を端的に相手に伝えてわかってもらいたい、仕事や交流につなげたいと思うときってありますよね。

でも、自己紹介のときに「会社員です」など無難なことしか言えず、話が続かずにシーンとしてしまい、困ったことはありませんか？　そんなときに、自分が何者かを伝えるプロフィールがとても重要になります。

そこで、「何者か」を知ってもらうために、仮決めでいいのでプロフィールを作ってみましょう。

プロフィールなんて、芸能人かよ！　と自己ツッコミしたくなりますよね。

実績も活動もまだだし……、もっと準備ができたら……、とか、実績ができたら……、と思っていると、いつまでたっても作れないので、**まずは「仮決め」だと思ってみてください。**

いったんアウトプットすることができれば、ほかの人に見てもらって添削したり、実績が積み上がってきたらアップデートできたりしますので、いったん形にすることを目標に取り組んでみましょう。

プロフィール作成のモジュールは次の2つです。

モジュール❶　「聞いてください！　この人○○なんですよ」をイメージする（30分）

モジュール❷　3つのレベル別にプロフィールを作成する（1時間）

① 週末アウトプット30分コース「プロフィール作成」モジュール❶

「聞いてください！　この人〇〇なんですよ」をイメージする

本題に入る前に、自己紹介とプロフィールの違いを紹介します。

自己紹介は主観的、プロフィールは客観的です。

自己紹介は、自分視点で「私はこんな人です」を紹介するものですが、プロフィールは客観的、つまり他者が自分を紹介する視点で書きます。「この人はこんな人です」と誰かが紹介するイメージです。自分自身で書いているとしても、自分をほかの人が紹介しているように書くのがプロフィールです。

自分で書くのに、客観的に書くのは慣れないと難しいですよね。その場合は、**「聞いてください！　この人、〇〇なんですよ」の〇〇を見つけるつもりで考えてみましょう。**

「この人、すごい（おもしろい）んですよ、〇〇なんです」

「この人、○○ができるので、あなたのお役に立てるかもしれませんよ」

というように、自分に対する○○を探してプロフィール化してみるとやりやすいです。

なお、○○は、変わったことでなくてＯＫです。奇抜さとか、すごさを競うものではないので、「別にそんな、人に言うほどすごいことはないし……」と思っていてもかまいません。変わったこと、すごいこと、日本一や地域で一番を目指す必要はありません。

気おくれしそうになる場合は、**○○を「小さな成功体験」と言い換えてみる**といいですね。テーマはなんでもＯＫです。

- **アラフォーの転職体験記**
- **仕事でいつも頼られる秘訣**
- **肌がキレイと会う人に言われる私がやっていること**
- **髪の毛のツヤを維持するためにやっていること**
- **打たれ強いとよく言われる理由**
- **気が利くといつも言われる理由**

周りの人によく言われること、ちょっと褒められることを探してみましょう。

①週末アウトプット1時間コース「プロフィール作成」モジュール②

3つのレベル別にプロフィールを作成する

自分の中の◯◯がぼんやりとでもイメージできたら、次は3つのレベル別にプロフィールを作っていきましょう。

レベル1（何者でもない）

経験を数字で具体的に棚卸しし、他人に一言で伝えられる状態にしてみよう

レベル2（駆け出し）

3年後のプロフィールを妄想してみよう

レベル3（すでに活動中）

基本の型をもとに、自分の活動を棚卸ししてみよう

順番に解説します。

レベル1　何者でもない／新たな自分を知りたい場合

この場合、**経験を数字で具体的に棚卸しし、他人に一言で伝えられる状態にする**ところから始めてみましょう。

具体的には、このようなことです。

- 新卒からずっと営業を続けていて、もう◯年経ちます
- 毎日100枚、累計◯万枚のパワーポイント資料を作成しました
- 漫画が好きすぎて、毎日1冊読むのを欠かさずに、気づいたら◯万冊読んでました
- ヨガを極めたくて会社を◯カ月休んで、インドまで修行に行っちゃいました
- 作家の◯◯さんの作品は全部読んでいます
- ◯歳で早起きに目覚め、もう◯年も早起き生活してます
- ノートマニアで、使い終わったノートはもう◯十冊です

何百冊とか何万枚とかすごい数字でなくても、カウントしてみると積み上がっている数字があるはずです。ちょっとした数字でもいいので、何か継続して続けていることや、ずっと好きで続けていることを、たくさん羅列してみてください。

羅列していったん発信することによって、みんなの目の色が変わるところ（反応が普通と違うところ）があるはずです。それを見つけるのが、レベル1の段階の方です。

レベル2　駆け出し／経験は積み始めたが自信がない場合

経験は積み始めたが、まだ自信がない場合、つまり駆け出しの方ですね。

この段階の方は、まだ実績がなかったりしますよね。なので、**いまの活動を続けた結果、こうなっていたらすごくワクワクする！　とか、心がときめくとか、テンションがめっちゃ上がる！　最高！　という「3年後プロフィール」＝妄想プロフィールを作ってください。**

妄想なので、いまそうなっていなくても全く問題はありません。ちょっと先取りした内容を、ワクワクしながら書いてみてください。

プロフィールには基本の型があります。次に紹介する「基本の型」をベースに、「こうなったら最高だ！」とニヤニヤしてしまうような、妄想全開のプロフィールを作ってみましょう。

プロフィールの基本の型

1. 肩書
2. 過去の経歴（いままで何をしてきたか。なぜ、いまの活動をしているかにつなげる）
3. 実績（数字で具体的に。3年後の妄想でOK）
4. 現在の活動（誰のどんな悩みを解決しているか。3年後の妄想でOK）
5. アクセス方法（SNSなど）

プロフィールを妄想したあと、我に返って「無理」だと思ってしまうときの対処法

ここでよく聞く質問がありますので紹介します。

3年後プロフィールを妄想すると、最初はめちゃくちゃ楽しいですが、ふと我に返ると、「いやいやいやいや、そんなの無理に決まってる」と、一旦冷静になって現実を見てしまうときがあります。そういうときは、次のように考えてみましょう。

まず、**妄想したことでアンテナは必ず立ちます。これを「カラーバス効果」と言います。**カラーは色、バスは浴びるという意味です。いまから色がついたもの、たとえば赤を見つけよう！　と思うと、赤がどんどん目に入ってくる。これがカラーバス効果です。

つまり、妄想したことによって、夢への種やヒントは必ず今後見つけられるようになるんです。拾いやすくなります。

もちろん3年後のことをいまの段階で全部叶えるのは無理だと思いますが、でも、**いまの活動が着実に3年後につながっていると思えるようになるので、いまの仕事がだんだん楽しくなってきます。**「これが千里の道の一歩なんだ」といった感じでテンションが上がっ

てきます。

そのうえ、3年後の妄想の夢に比べたら、いま、ちょっと頑張ってる目標なんて通過点なので、なんだか楽にできちゃうんじゃないか、楽勝楽勝♪と感じるようになります。なので、確実に妄想が現実に近づいていくことを実感できるようになりますよ。

ぜひ、3年後プロフィールを、ワクワク、ニヤニヤした状態で、楽しみながら書いてみてください。

レベル3　すでに活動中／すでに活動している人のポイントは「過去の経歴と実績」

すでに活動をし始めている場合は、実践につなげることを意識してみてください。先ほども紹介したプロフィールの基本の「型」をもとに、自分の活動を棚卸ししてみましょう。

❶ 肩書

❷ 過去の経歴（なぜいまの活動をしているかにつなげる）

❸ **実績（数字で具体的に）**
❹ **現在の活動（誰のどんな悩みを解決しているか）**
❺ **アクセス方法（SNSなど）**

いまの活動を、この順番に書いていってみてください。

レベル3の方で特にポイントとなるのは、❷**過去の経歴**と❸**実績**です。

過去の経歴とは、どうしてあなたがいまの活動をしているかの理由が説明されているものです。理由を読むことで、あなたがその活動を語る資格があるかが判断されるので大事です。実績とは、助けた人の人数や、実際にあなたのサービスを経験して、どんなふうに変わった人がいるかです。

つまり、前述の❶〜❺のうち、❷**過去の経歴**と❸**実績**を重点的に考えたうえで基本の型を埋めてみてください。

ちなみに、**プロフィールは1度書いて終わりではありません。誰の何の役に立つか、どういう印象を持ってもらいたいかはその都度変わるため、プロフィールは随時変える必要**

があります。

私は『朝活手帳』を15年連続で作成していますが、プロフィールは毎年変えています。自分の活動もアップデートしますし、誰に対して何の役に立つかが変わると、自分自身の打ち出し方を変える必要があります。

たとえば、企業向け研修講師の受注を目的としたプロフィールを作成する場合は、企業の研修担当の人事の方が私に発注することのメリットを上司に伝えやすくなるよう、権威や実績を具体的にアピールしたほうがいいです。

「この人はこういう経歴で、こんなすごいことやっていますよ」と伝えたほうが人事担当者が上司にプッシュしやすく会社に説明がつくため、自分の実績を「これでもか！」と、アピールします。

『朝活手帳』を強調したい場合は、個人に向けて朝の話や朝活の実績を丁寧に書きます。

まずは「先生ごっこ」のたたき台を作ってみよう

「人生年表」「自分経営理念」「プロフィール」が大体できたら、**中途半端で自信がない状態でかまわないので、友人や知り合いやコミュニティなど、小さい単位の集まりで発表してみましょう。**発表の場を作ることで、周囲からの反応がわかったり、自分のこれからの課題やさらに学びを深めたいところがわかるようになってきます。

人生年表や自分経営理念を背景にした自己紹介を発表してもいいですし、人生年表を書き上げて見つけた自分の好きなこと、得意なことを発表してもいいです。

私が主催するコミュニティ「朝キャリ」では、「先生ごっこの会」という名でオンライン勉強会を定期的に開催しています。「朝キャリ」のメンバーが先生となり、「先生」と自分から名乗るのはまだ気恥ずかしいけれど、ちょっと人より知っていて、教えられそうなことを実際に教えてみて、自分の好きなことや得意なことを小さく試す場です。

別に先生になるつもりがない方でも、一度自分の中身を構成して話せるようにするプロセスとして先生をやってみるのは有効です。**いつか役に立つかもしれないと思って学ぶのと、「この学びを誰かに伝えよう」と思って学ぶのでは結果に雲泥の差が出ます。**「先生ごっこ」で教える種が見つかり、ブラッシュアップしていけば、いずれ動画配信プラットフォームで講義として動画化し、販売することもできるようになります。

いままでに、次のような講座が開かれました（一例）。

- **これならすぐに始められる「終活」のススメ**
- **接客のプロがやっている初対面の人と上手にコミュニケーションを取るコツ**
- **子どもにお金のことをわかりやすく解説できるようになる新聞の読み方講座**
- **少しをゆっくり楽しむクラフトビール**
- **オンライン時代に欠かせないサポーター！　Zoom運営事務局で大切にしていること**
- **元百貨店外商ウーマンが教える　贈った相手に喜ばれ、センスがよい！　と評価される手土産のコツ**
- **一歩踏み出したいけど踏み出せない方のための、転職活動のヒント**

「先生ごっこ」を始めるメリット

新しいチャレンジが怖いのは、「そんなの無理だよ」「難しいに決まっている」「そんなことやろうとしているなんておかしい」といったような、**自分のことを大して知らない人の無遠慮なアドバイスに影響されるからです。**

出世、転職、起業、副業という、自分の人生にかかわるプライベートな話題は、悩みが深刻であるがゆえに誰にも相談できずに抱えてしまう方も多いです。また、自分のホンネを語ると「意識高い」と思われるという不安から、声に出せない場合もあるでしょう。「先生ごっこ」なら「やりたい！」と思ったことをまずコンテンツ化して試して、ダメだったらもう一度やり直せるので、のびのびとチャレンジできます。**あくまでも「ごっこ」なので、誰にも文句は言わせません。**

また、先生ごっこを始めることで、告知→集客→実行をシミュレーションでき、実施したあとの反省点を今後に活かせます。参加者からの率直な感想を聞くことで、今後どうすればいいかの方向性もわかります。また、「このテーマでやってみたけれど、しっくりこない」「自分はこれが好きだと思っていたけど、好きじゃない気がする」といったように、本当に自分が求めていること、そうでないことも見極めがつきます。

もちろん、新しいチャレンジなので痛みは伴います。テーマに興味を持ってもらえなかったり、緊張してうまく話せないときもあるかもしれません。しかし、**受け入れられないのはあなたの存在全体ではなくて、あなたのアイデアの一部だけです。**何度も挑戦して、失敗を繰り返してこそアイデアは研ぎ澄まされるのに、多くの人は一度の失敗で萎縮してしまいます。「先生ごっこの会」では、何度も挑戦してノウハウを自分にため、精度を上げるというプロセスを気軽に体験することができます。

「先生ごっこ」は仕事にも役立つ

「先生ごっこの会」で先生をするには、次のようなプロセスが必要です。

- **リソースを洗い出して価値を見つける**
- **価値の要点をまとめる**

- **相手にわかりやすく話せるよう準備をする**
- **集客する**
- **仮説を立てて実行し、検証する**

このプロセスは、会社で仕事をするうえでも役立ちます。**会社で思ったような評価が得られないと悩む人は、右記のような行動をおろそかにし、自分の主張だけを周囲に伝えている場合が多いからです。**先生ごっこの会で先生を経験することで、相手のために仕事をするというのはどういうことかがわかるようになります。

とはいえ、講師経験のない場合、「ごっこ」とはいえ、いきなりだとハードルが高いので、次のモジュールに分けて「先生ごっこ」の準備をしていきましょう。

モジュール❶　テーマを考える（30分）
モジュール❷　募集告知文のテンプレートを埋める（1時間）
モジュール❸　40分話せる構成を考える（半日）
モジュール❹　録画してリハーサルをしてみる（1時間）

D 週末アウトプット30分コース「先生ごっこ」モジュール1

テーマを考える

実は、テーマはぶっちゃけ何でもいいです。まず自分の中身をアウトプットしてフィードバックを得ることが目的で、その手順がわかれば、次はテーマを変えていろいろ作れるようになります。とはいえ、予備知識や経験が全くないことを40分も話せないので、自分の過去や、人生年表、自分経営理念を振り返り、次のようなことを思い出してみましょう。

- **3年以上続けられていることは何ですか?**
- **「◯◯しか能がない」と思っていることは何ですか?**
- **何か成功体験があることは何ですか?**
- **いつもこうだったらいいのに! とか、私だったらうまくできるのに! と、もどかし**

いことは何ですか？

チャプター2「書く」、チャプター3「話す」で実践してきたことが、ここで生きてきます。

3年以上続けていることがなかなか思い浮かばなければ1年でもいいです。たとえば総務一筋何年、といったことです。続けていれば、それなりの自分が工夫しているコツや続けているヒントみたいなことを話せそうですよね。

たとえば、ダイエットで成功した経験や、資格試験の勉強を頑張った経験などありますよね。ファッションや色使い、メイクの工夫なども思い浮かぶかもしれません。ガジェット好きな私がおすすめする、朝使うと目覚めがよくなるもの3選、みたいなものでもいいですよね。

ほかの人を見て「なんでそんなことやってるんだろう」「もどかしい！」と思い、ついやっちゃうようなことや、「ちょっと一言言いたい」みたいなことを思い出してみてください。

週末アウトプット1時間コース「先生ごっこ」モジュール❷

募集告知文のテンプレートを埋める

「先生ごっこの会」に立候補するためには、募集告知文として次の5つの項目を書いてもらう必要があります。実はこの5つさえ埋められれば、自分の考えがまとまるようになっています。

自分が教えられる実力をつけてから、まずは講座の概要がまとまってから……と思うとハードルがどんどん高くなり、始めるのに時間がかかるので、**中身ができていないうちから、いきなり募集告知文を作ってみることがポイントです。**募集告知文を準備していくうちに、中身についてのイメージも湧いてきます。

① タイトル

②**こんなことで悩んでいる人が、こう変化する講座です**
③**受講後、こんな未来が待っています**
④**こんな内容を話します（箇条書きで3つくらい）**
⑤**プロフィール（200文字以内）**

あなたも、この5つの項目を「自分だったらどんな先生ごっこができるかな？」という視点で埋めていきましょう。最初の段階ではスラスラと書ける人はなかなかいないと思いますが、**書けないところが、自分の考えがまだ浅いところ、深めていく必要があるところだと気づきます。**それがわかっただけでも、大きな一歩ですよね。

ただ、ここで気をつけていただきたいのが、**伝える順番（募集告知をする順番）と考える順番は違う**ということです。このテンプレートは、「先生ごっこの会」の参加者を募集する、つまり「伝える」順番ですが、このテンプレートをもとに考える順番は違います。

伝わりやすいのが前述の順番ですが、いきなりタイトルを書こうとしても全然思い浮かばず、そこで止まってしまいます。

タイトルは基本的に、内容を一言で表すものなので、最初に作るというより、考えた内容を一言でまとめると、こうなる、と最後のほうで考えるものです。

「考える順番」は、次の通りです。

①　こんなことで悩んでいる人がこう変化する講座です

②　受講後、こんな未来が待っています

③　こんな内容を話します（箇条書きで3つくらい）

④　タイトル

⑤　プロフィール（200文字以内）

つまり、タイトルを考える順番を変えるだけで、かなり書きやすくなります。

募集告知文は「悩める後輩」に向けて書く

募集告知文を書くときイメージするとスムーズなのは**「ちょっと先輩の私が悩める後輩**

たちに何か伝えるにはどうするかな？」と考えることです。

たとえば仕事で得た経験の場合、部署異動で望まない部署に来たことでやる気をなくしてしまっている後輩がいるとします。そんなときに、

「私もそういうことが前にあったけど、こういうふうに考えたら仕事が楽しくなって成果が出たから教えてあげたいな」

「このままじゃ評価も下がっちゃうし、自分自身もつまらないだろうし、もったいないなー」

という気持ちを思い出してみましょう。

趣味で得た経験の場合は、たとえば次のようなものです。

子どもが成長して、いらなくなったおもちゃや絵本はメルカリで簡単に売れるのに、ママ友にすすめても「めんどくさい」とか「知らない人とやり取りするのが嫌」と言ってそのまま捨ててしまっている。ほんと、もったいないなぁ、簡単に自由になるお金が得られるのになぁ、という感じです。こんな感じだったら、思い出したり、書けたりする気がしませんか？

そういったモヤモヤを募集告知分として文章化すると、たとえばこんな感じになります。

望まない部署異動の後輩に向けてのメッセージをイメージして、次のテンプレートを埋めていきましょう。

① こんなことで悩んでいる人がこう変化する講座です

望まない部署異動や配置転換でやる気をなくしている人が、気持ちを切り替えていまの仕事を楽しめるヒントがもらえる講座です。

② 受講後、こんな未来が待っています

受講後、仕事に行くのがちょっと楽しくなります。

「こんな未来が待っています」と考えると、ちょっと難しいかも、とか、**すごい結果が出るような話をしなきゃ、と思うと書けなくなるので、ビフォーアフターでちょっと気持ちが軽くなる、といった、ちょっとした効果でも問題ありません。**

③　**こんな内容を話します（箇条書きで3つくらい）**

ここは、①と②で自分がやってきた経験、自分が工夫したことを思い出せば箇条書きで書けるはずです。

次に、趣味のメルカリ出品を講座にして募集告知文を書く場合です。

①　**こんなことで悩んでいる人がこう変化する講座です**

いらなくなったものに家を占拠されていて、スッキリしたいけどメルカリは面倒、よくわからなくて使ったことがない人が簡単にメルカリに出品できるようになる講座です。

②　**受講後、こんな未来が待っています**

家がスッキリするうえにお金まで入るようになります。

③　こんな内容を話します（箇条書きで3つくらい）

①と②が書けたら、③は自然に書けるようになります。

メルカリへ簡単に出品するために自分が工夫したことを思い出して、箇条書きで書いてみてください。

このように考えると、テンプレートを埋めるのはそこまで大変ではないことがわかると思います。

- **こうだったらいいのに**
- **もったいない！　何でしないんだろう**

下書きを書く気持ちで自分がやってきたおせっかいや、モヤモヤを文章化して、成仏させるような感じです。モヤモヤした気持ちもすっきりするし、それで講座ができたら一石二鳥ですよね。

タイトルは、困りごとが解決して前向きになれるよう工夫する

次に④のタイトルを作ります。

タイトルは、先ほど考えた

①こんなことで悩んでいる人がこう変化する講座です

②受講後こんな未来が待っています

をギュッと凝縮した内容で、かつ、この講座を受けることで困りごとが解消し、前向きになれるものを考えていきます。

たとえば、

①望まない部署異動や配置転換でやる気をなくしている人が、気持ちを切り替えていまの仕事を楽しめるヒントがもらえる講座です

②受講後仕事に行くのがちょっと楽しくなります

を凝縮すると、**「嫌な部署でも仕事に行くのがちょっと楽しくなる！　気持ちの切り替え講座」**といった感じです。

①いらなくなったものに家を占拠されていてスッキリしたいけど、メルカリは面倒、よくわからなくて使ったことがない人が簡単にメルカリに出品できるようになる講座です

②家がスッキリするうえにお金まで入るようになります

なら、**「家がスッキリ、お金も入る！　はじめてでも簡単にできるメルカリ出品講座」**というタイトルだと「私でもできるかも！」「受けてみたい！」となりますよね。

タイトルは講座の要となるもので、タイトル次第で申し込みが増えたり減ったりしますので、いろいろ工夫してみましょう。**なお、タイトルを「盛りすぎ」て、内容とかけ離れたものにしてしまうと、「実際と違う！」とクレームにつながるので、内容をしっかりと反映させたものにすることも大切**です。

プロフィールは「先生ごっこ」用にチューニングする

次に⑤プロフィールです。プロフィールについては183ページでも作り方を紹介しましたが、誰が対象で、どんなテーマのものかによってプロフィールは変える必要があ

ります。

たとえば、先ほど例であげたタイトル

「嫌な部署でも仕事に行くのがちょっと楽しくなる！　気持ちの切り替え講座」

「家がスッキリ、お金も入る！　はじめてでも簡単にできるメルカリ出品講座」

を聞くと「あ、いいな」とか「ちょっと興味あるな」と思うかもしれません。でも、自分が講座を受ける立場だとしたら、**一体誰が、どんな経歴の人が話すんだろう？　と、気になりますよね。**

皆さんもセミナーや講座、ワークショップなどに参加するとき、やはり教えてくれる人のプロフィールは確認しますよね。プロフィールを見ないとどんな人が来て、どういう資格を持って、どんな根拠を持って話をするのかわからず、ちょっと不安になりますよね。

ですから、**全く面識がない人に、あなたはどんな考えを持って行動して、いままで何をしてきたのか。この話ができる資格が本当にあることをきちんと伝えていく必要があります。**

ここで「資格」というと、公的な資格がないとしゃべれないのかな？　などと心配になる方もいらっしゃると思いますが、必ずしもそうではありません。「資格」は「経験」と言い換えてもいいです。

権威がある目覚ましい成果がなくても、こういう経験をしたから私の経験を伝えたい！それだけでも十分な資格になります。


つまり、⑤プロフィールは先ほどまでの手順で作った

①こんなことで悩んでいる人がこう変化する講座です
②受講後こんな未来が待っています
③こんな内容を話します（箇条書きで3つくらい）
④タイトル

を、あなたが本当に話せることを証明するために、とても重要なものです。

190ページでも説明したプロフィールの「基本の型」をおさらいすると、次の5つですが、

①　肩書

②　過去の経歴（いままで何をしてきたか）

③　実績（数字で具体的に）

④　現在の活動（誰のどんな悩みを解決しているか）

⑤　アクセス方法（SNSなど）

「先生ごっこ」の会のような講座を作るときに重要なのは、②と③です。

②　過去の経歴（いままで何をしてきたか）

③　実績（数字で具体的に）

②と③がなぜ大事かというと、講座を開くにあたって、どうしてあなたがこのテーマで話ができるのかを、参加者は知りたいからです。たとえば、ダイエット講座を、ダイエットに失敗してばかりの人が開催しても、説得力がないですよね。ダイエット講座を開くからには、ダイエットができた経験や、いま、キープしている状態を知ったうえで話を聞き

たいですよね。ですから、❷と❸が大切です。

プロフィールのポイントは、誰が、何をして、どうなったかです。「先生ごっこ」なので、まだ経歴とか実績がない状態で練習すればよいですが、練習や実験をする場合でも、誰が何をしてどうなったか、あなたがなぜその話ができるのか、教えられるのかどうかは必ず問われますので、それをプロフィールに入れていきましょう。

たとえば、先ほどのタイトル

「嫌な部署でも仕事に行くのがちょっと楽しくなる！　気持ちの切り替え講座」

「家がスッキリ、お金も入る！　はじめてでも簡単にできるメルカリ出品講座」

だと、「誰が、何をして、どうなった」は、次の通りです。

望まない配置転換に悩んだ経験があった私が、◎◎をすることでいまの仕事を楽しめるようになった。

モノにあふれる生活をしていた私が、メルカリ出品でスッキリ生活を手に入れた。

そこで、実際にこれをプロフィールとして文章化すると、たとえばこうなります。

望まない配置転換に悩んだ経験があったが、◎◎をすることでいまの仕事を楽しめるようになり、会社でも評価されるようになったので、同じように悩んでいる人に自分の経験を伝えたいと思い、この講座を企画。こういった感じです。

このようにまとめると、「この人は、自分がつらい思いをして具体的に工夫して学んだことを教えてくれるんだな」と思いますよね。

メルカリ出品の場合は、たとえば次のようになります。

モノにあふれる生活をやめ、スッキリしたいけど、メルカリは面倒でよくわからないと以前は思っていたが、やってみたら想像よりもずっと簡単で、工夫すると売れ行きも変わり楽しくなった。ちょっとしたお小遣いとして月に○万円稼げることもあるので、皆さんにもぜひ試してほしいと思い、この講座を企画。

このように書くと、「ちょっと聞いてみたいな」となりますよね。メルカリで簡単に楽しく物が売れて、家がスッキリしたという経験を持った「先生」が、その経験や、出品の際に気をつけることやノウハウを伝えてくれるんだな、ということがプロフィールからわかるようになります。このようにしてプロフィール、タイトルを作っていきましょう。

いきなり一気にやろうと思うと大変そうですが、例を参考にして実際に書いてみると、意外と簡単だな、と思えるはずです。ぜひチャレンジしてみてください。

週末アウトプット半日コース「先生ごっこ」モジュール③

40分話せる構成を考える

募集告知文ができたら、次に、構成を考えていきます。

第1の目標として、Zoomの無料プランの範囲内の40分、1人で話せるようコンテンツを作ることを目指していくのが、時間的にもちょうどいいでしょう。40分というと「長いな」と感じるかもしれませんが、枠組みを作ることができれば40分はあっという間です。

たとえば、次のような構成にしてみましょう。**いきなりパワーポイントなどの資料作成ソフトを立ち上げず、まずは箇条書きでいいので項目出しをしてみる**といいですね。40分話す、と思うと負担が大きいけど、次のようにモジュール化すると、意外とできそう！と思えるはずです。

自己紹介（5分）

なぜ、あなたがこの話をすることができるか資格や想いを伝える

この講座の目的・ゴール（5分）

どんなことを教えるか、講座のあとどうなっているかをイメージしてもらう

伝えたいポイント（25分）

多くても3つに絞り簡潔に伝える（1ポイント5分×3）

ワークなどで考えてもらうのも効果的（10分）

まとめ（5分）

講座の内容を要約してまとめる

まず5分で自己紹介を考えましょう。

自己紹介では、どうしてあなたがこの話をできるのかを、自分が持っている資格を紹介したり、「こういう想いでやっています」といったような、原体験の話をしたりします。こ

のときに、このチャプターの前半でまとめた「人生年表」「自分経営理念」が役立ちます。

次の5分で、この講座の目的やゴールを話します。具体的には、どんなことをお知らせして、講座のあと、聞いた人がどんないい未来を描けるか、具体的に何ができるようになるか、何を始めたくなるかをイメージしてもらいます。

そして本編（伝えたいポイント）に入ります。本編は25分ぐらいです。

伝えたいポイントは多くても3つぐらいに絞り、簡潔に伝えます。

1つのポイントを5分で話すとすると、3つ作ればもう15分です。本編では自分だけが一方的に話すよりも、実際にワークなどを使って、考えてもらうのも効果的ですね。ポイント3つをそれぞれ5分で15分、それにワークを10分加えれば、あっという間に25分になります。

そして最後の5分でまとめます。ここでは、講座の内容を要約してまとめましょう。

こんな感じで構成を細かく分けてみると、「できそうかも」と思えるようになりますよね。構成さえ決まれば、あとは中身を埋めるだけなので、かなり簡単なはずです。

この人から話を聞きたい！と思ってもらえるための3つの要素

3つのポイントに何を入れるかですが、「この人から話を聞きたい！」と思えるアウトプットには、次の3つの要素が必ず入っています。

- **どんな実績があるか？（これを冒頭に言う）**
- **いままでどんな経験をしてきたか？**
- **その経験から言えることは何か？**

たとえばダイエットを例にあげると、こんな感じです。

1　どんな実績があるか？

「あすけん」（ダイエットアプリ）を使って、半年で5kgのダイエットに成功しましたといったように、何かをチャレンジして得た結果を知らせます。

2 いままでどんな経験をしてきたか？

いままで私は、あらゆるダイエットに挑戦しては挫折してきました。短期間でやせはするんですけど、すぐにリバウンドを繰り返して、だんだんやせにくくなってきて、もうこれは本当にやばいなと思いました。といった感じで、いままでの経験や悩みをアウトプットします。

3 その経験から言えることは何か？

ずっと失敗してきた理由は、「〇〇だけダイエット」ばかりやってきたからでした。今回、「あすけん」でひたすら食事や運動を記録することで、記録とバランスが大事だとわかりました。具体的にはこんなことしました。

といった感じで続けていきます。このような順番にすると、実績が最初にあるので聞きたいと思えるんです。

「ダイエットできませんでした」という人がいくらダイエットの秘訣を話しても、身にならないし聞きたくないと先ほども述べましたが、このような例をあげると、実績が大事だということがわかると思います。

シンプルで伝わる資料を作るコツ

このようにしてテーマを決め、構成を考えたあと、はじめて資料作成に取りかかります。いきなり資料を作るところから始める方がとても多いですが、資料を作る前の、テーマと構成を考えることが一番大事です。

わかりやすい資料にするために心がけたほうがいい、3つのポイントがあります。

1 **Less is More**
2 **話の地図を見せる**
3 **フレームワークを上手に使う**

Less is Moreとは「少ないほうが豊かである」という意味です。私が過去、外資系のコンサルティング会社で働いていたときに、徹底的に叩き込まれました。とにかく少ない情報で多くを語るように工夫していきましょう。

たとえば、**「ワンスライド、ワンメッセージ」**を心がけます。つまり、1つのスライドに

1つのメッセージだけで、それ以上の情報を入れないようにします。ほかには、スライドの配色は、3色、多くても4色までにします。文章での説明は「何が」「どうしたか」を明確にすることを意識しましょう。

そして2つ目が、「話の地図を見せる」です。

「この話、一体いつ終わるんだろう?」「結論は何なんだろう?」とモヤモヤしたまま、話の内容や本質が頭に入ってこないときがありますよね。

ですから**定期的に「いまどこの話をしていて、この話はいつ終わるか、どう続くか」を明示する必要があります。**

たとえば私の資料は、次ページ上の図で示す形になっています。「今回はこのところを話します」とか、「今回の内容の目次はこれで、いまからこの話をします」といったことを随時入れています。

そして、3つ目のポイントはフレームワークを上手に使うことです。チャプター3でも紹介した次の3つのフレームワークを意識するといいですね。

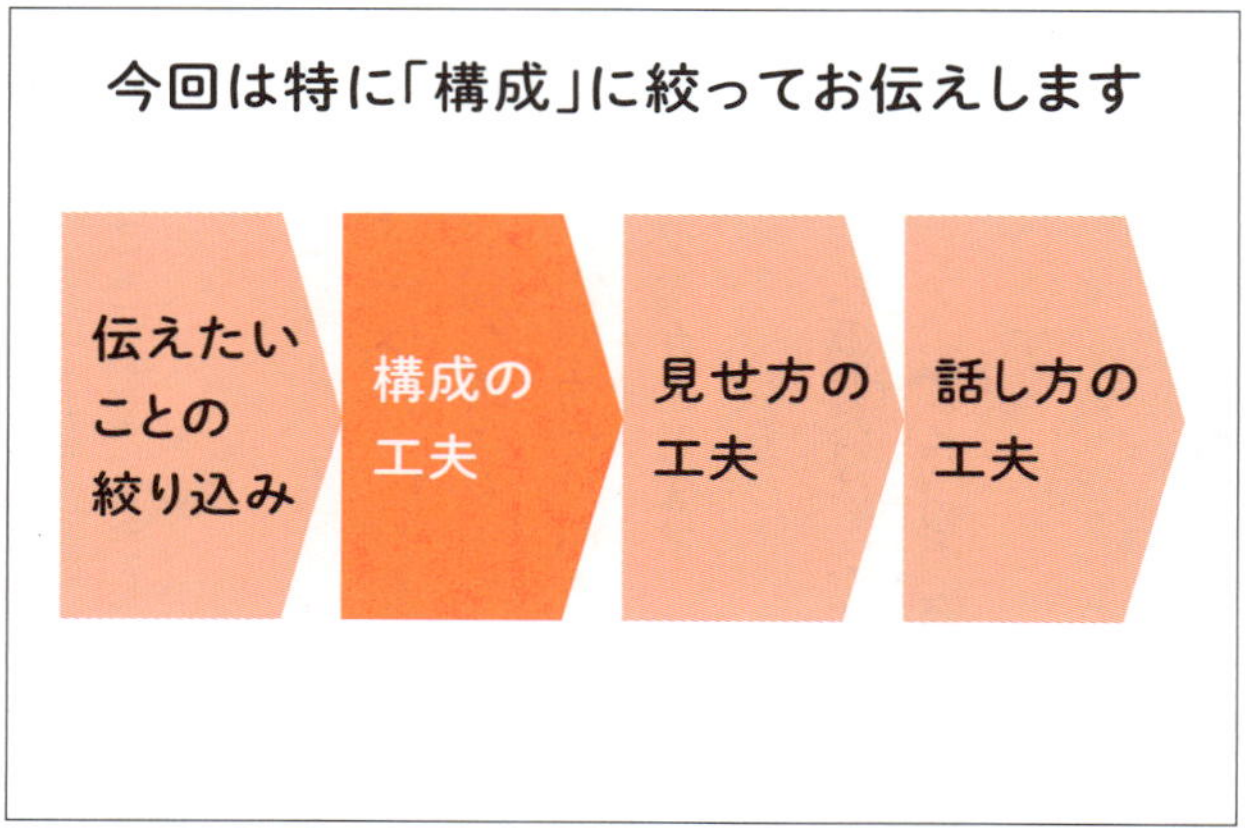
今回は特に「構成」に絞ってお伝えします
伝えたいことの絞り込み
構成の工夫
見せ方の工夫
話し方の工夫

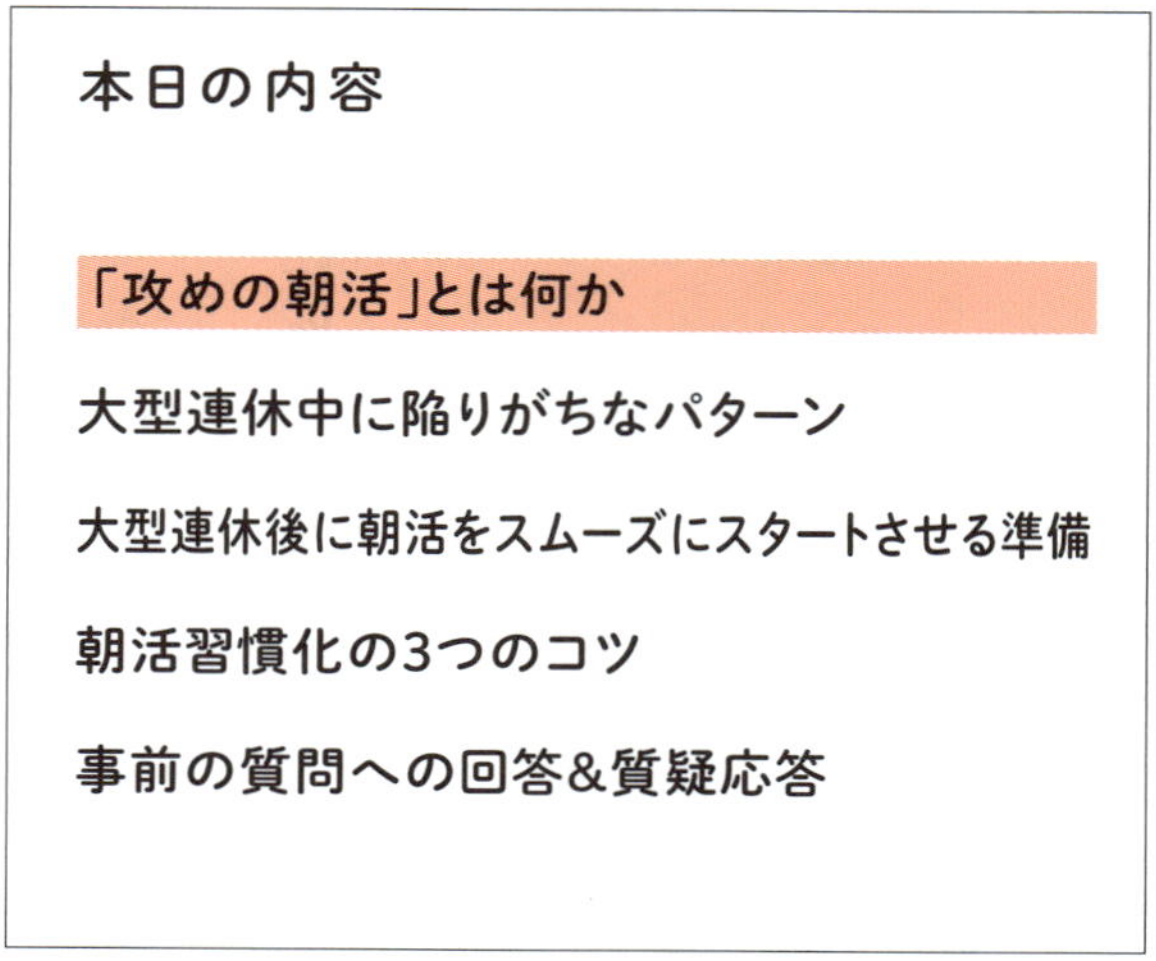
本日の内容
「攻めの朝活」とは何か
大型連休中に陥りがちなパターン
大型連休後に朝活をスムーズにスタートさせる準備
朝活習慣化の3つのコツ
事前の質問への回答&質疑応答

●Point（主張）
●Reason（理由）
●Example（事例）
●Point（主張）

フレームワークその2　CRF

●Conclusion（要するに）
●Reason（理由※あまり多いと覚えられないので、最高3つまでが望ましい）
●Fact（事実）

フレームワークその3　SDS

●Summary（要約）
●Detail（詳細）
●Summary（要約）

週末アウトプット1時間コース「先生ごっこ」モジュール④

録画してリハーサルをしてみる

ここまでできたら、本番前にリハーサルをしていきましょう。現在はオンラインミーティングも浸透したので、たとえばZｏｏｍで顔出ししつつ、スライドを録画したりもできます。**顔出しする、しないは選べますが、あえて顔出しをおすすめします。**

なぜかと言うと、一方向ばかり向いてるな、髪の毛を触りすぎ、まばたきしすぎ、といったように、自分の癖がわかるからです。最初はちょっと照れ臭いと思いますが画面はオンにして、録画してリハーサルをしてみましょう。

録画を見直すことで客観的な視点を養える上資料のつじつまが合っていないところもわかります。話す練習にもなります。

慣れてうまく話せるようになったり、フィードバックを得てブラッシュアップできたら、いずれ動画配信のプラットフォームにのせることもできます。練習していくうちに、

「○○さん、プレゼンうまいよね」

「資料作成どうやってるの？」

と、言われるようになって仕事もスムーズに行くと思いますので、ぜひ始めてみましょう。

Chapter 5

いよいよアウトプットを実践する「動く」編

「動く」ための心理的ハードルを超え「公私混同」していこう

「書く」「話す」「作る」を経て、いよいよ「動く」段階に入りました。一番時間がかかった「作る」を経たあなたなら大丈夫です。

いざ行動に移そうと思ったときに生まれる怖さを乗り越え、一歩踏み出すこと全般を指す「動く」段階の一番のハードルは、心理的なものです。やってみると「こんなに簡単だったの？」と、びっくりすることでしょう。ここでは、**「まずは気軽にやってみよう！」と思えるように、思考変化ができるトレーニングをしていきましょう。**

自分に嘘をつかず、素のまま、そのままの気持ちをアウトプットしながら動けるようになったこれからは、仕事でも「公私混同」できるようになります。

「公私混同」と聞くと、そんなことしちゃだめと思ってしまうかもしれませんが、**むしろこれからは「公私混同」の時代です。**

ただ言われたことをやっているだけの人はＡＩにすぐに取って代わられますが、今後は一人ひとりの創造性が肝となるので、**ホンネで、会社のために、「もっともらしい」言葉ではなく血の通った言葉で、発言・行動できる社員が重宝される**ようになってくるからです。

素のまま、「だし入りアウトプット」が身につくと、会社モードの自分、プライベートモードの自分を切り替えて、本心をスイッチする必要がなくなりますので気持ちがラクになります。「人生年表」「自分経営理念」を書いたあとなら、いまやっていることの意味や意義を見つけることができます。仕事とプライベートの区別をキッチリ分けることをせず、境界を曖昧にしたまま、これまで培ってきたすべての経験から複合的に行動することで相乗効果が発揮できるようになるのです。

会社に媚びずにホンネで会社と向き合うと、意外にも会社と敵対せずにいい関係のまま、会社員のリソースをうまく使って実験できるようになります。早速始めていきましょう。

週末アウトプット15分コース❶

「なりたいですが何か？」と開き直る

心の底で「こうなれたらいいな」と思う憧れの姿があるが、自分にはとても無理だと思ってしまう。

無理だと思いつつ、どうしても気になり調べてみたものの、調べれば調べるほど無理だと思う。でもなりたい、でも無理、の無限ループに陥る。

そんなときは、潔く「なりたい！」という気持ちを認めることが大事です。

なりたい……でも無理……でもなりたい……を繰り返している時間はもったいないです。

それくらいなら、いっそのこと「私はこうなりたいんだ！」と潔く認めていきましょう。

最初は周囲に表明しなくても問題ありません。心の中で、自分を認めてあげましょう。

これをこじらせると、実現できた人に嫉妬するといった邪悪な気持ちが生まれます。闇落ちします。精神的にもよくないです。

ですから **「なりたいですが何か？」みたいな感じで、自分に対して開き直ってください。そのことによって楽になります。**

「なりたい！」を認めると、実現できた人を嫉妬しなくなります。

実現できた人が嫉妬相手ではなく、「先生」になるんです。

どうしたらこんなふうにできるのかな？　という視点で見ることができて、学びが増えます。

周囲に言える気持ちになるまでは表明しなくてもかまいません。ただ、自分にだけは嘘をつかないようにしてください。

「私はこれになりたいんだ！」と心の中で思ってみてください。

「〇〇になりたいですが、何か？」をノートや誰にも見られないPC内のファイルに書き出してみましょう。

週末アウトプット15分コース②

大御所のいまではなく「失敗談」を調べる

「なりたい、でも無理、でもなりたい……」のようにループしてしまうのは「大御所調べすぎ問題」が原因のひとつです。

ここでいう「大御所」とは、「こうなりたい！」とあなたが思っている、すでに活躍している人のことです。

大御所のプロフィールを見ると、「○○大学で××を学び、△△に留学、◎◎歴15年、施術実績×万人」など、いろいろと書いてあります。

これを見てしまうと自分との距離が遠すぎて、「うわ、ここに至るまでに私は何をしたらいいんだろう」と思ってしまいます。そして考えてみても、全然見当がつかないですよね？「私には無理！」となるのは当たり前です。

ですから、**すごい人がすごくなる前に何をしたかを調べるのが先決です。**

身近な「私にもできるかも」と思える例を探していきましょう。

大御所を調べてもいいのですが、その場合は自伝などに書いてある、「苦しかったときどうしたか」を調べるのがとても効果的です。

本を探してもいいですし、ウェブで探すなら**「大御所の名前」プラス「苦労」「後悔」「反省」「失敗」などで検索すると、取材記事が出てくることが多いです。**

いまの経歴を調べると遠いけれども、苦しかったときや駆け出しのときどうしたかからは学べますよね。

さらに、いま活躍している人の過去のブログをさかのぼって読んでみるのもおすすめです。あまり赤裸々なことは、さすがに消されていることもありますが、探してみると書いている方も結構います。

いま苦しい人は苦しいことをなかなか書けないですが、成功したあとだと苦しかったことは振り返りやすいんですよね。ですから、大御所の人たちの、いまのキラキラではなくて、まずは苦しかった過去を調べてみることです。

週末アウトプット30分コース❶

同じ目的のもと頑張るコミュニティを調べ、行ってみる

大御所を調べすぎないためにも、同じ目的のもと頑張るコミュニティに入ることもおすすめです。たとえば私は趣味でワインの勉強をしていたときに、同じ目標を持つ人を探して「一緒に頑張ろう！」と思って日々過ごしていました。そういう人がちょっと活躍し始めると、「あ、私も同じ道をいま進んでいるんだ！」と思えたりします。奮闘中の友人の成長を見るのもいいですよね。

チャプター4で述べた、朝キャリで開催している「先生ごっこの会」は、チャレンジを繰り返すごとに登壇者が成長していくのがよく見えます。それを見ると、「私だってできるかも」と思えます。「仲間ができるなら、私もできるかも」と思えるような、**ちょっとだけ頑張ればできそうな人がいるコミュニティを探してみましょう。**

D 週末アウトプット30分コース②

あえて、全然接点がないアウェイ環境に行ってみる

同じ目的のコミュニティだけではなく、**いままでの自分なら絶対に行かないような場所、自分の知り合いや友達がひとりもいない場所に行ってみることもおすすめです。**

自分と似た価値観の人とばかりつるんでいると、自分の価値に気づかない場合がありますし、自分の「好き」や自分が大切にしている価値観がただのニッチすぎるものなのか、世の中に通用して多くの人に受け入れられるものなのかもわかりません。

最初は怖いかもしれませんが、飛び込んでみると、自分が古い価値観に凝り固まっていることに気づいたり、もっと勉強をしなければいけないところにも気づけます。

私はいま50代ですが、20～30代の人が多く入っているコミュニティにも入っています。そのことで自分の常識が若者の非常識になっていることにハッと気づいたり、教えてもらうことが多いことに気づきました（たとえば、若者は会食もＱＲコード決済で支払うと知り、恥ずかしながらようやくＱＲコード決済を覚えました）。

考えを日々アップデートできるように、自分のことを一切誰も知らない場所、職業とか年代を超えた場所に定期的に向かっていきましょう。

週末アウトプット1時間コース①

特殊すぎて誰にも当てはまらないのでは、と思ったときはこう考える

以前、このような悩みを聞きました。

「私の壁は、誰のために何を伝えるかがはっきりしていないことです。たとえばデザインの話は一般的に役立つ話ではないと思っていて、仕事ではチラシを作る担当になった人に向けて、〝こういうふうに構成要素を考えるといいですよ〟などは話せますが、それって一般的な話ではないな～で止まっています」

自分の専門知識をアウトプットするときのコツは、対象の人と同じようなことに困っている人が、対象の人のほかにもいないか？　を考えることです。

「販促のチラシを作ることになった、企業の営業企画やマーケティング部門の人」に向けての話だと思うと狭すぎますが、その方々のお困りごとは「伝えたい人がいる」「伝えたいことがある」、でも「伝える情報の取捨選択に困っている」だったら、もっと多くの方に届く可能性がありますよね。

次ページの図の一番上の部分が、質問者の方が止まってしまった部分です。

この内容を「先生ごっこの会」やオンライン講座にしようとすると、やはり少し狭いですよね。企業チラシを作ることになった人、かつ、営業企画やマーケティング部門の人を対象に教える講座だと、ニッチすぎる印象です。

「これだとちょっと狭いなあ」と考えてしまうのも無理はないかなと思います。

この場合、担当者の方々は何に困っているのかを考えてみます。たとえば次のようなことなのではないでしょうか。

- **伝えたい人がいて**
- **伝えたいことがあるのに**
- **伝わる情報の取捨選択ができなくて困っている**

こんなふうに、**困っていることを項目出ししてみると、この困りごとは別にチラシを作**

**自分の専門知識を
商品化しようとするときのコツは、
対象者が何に困っているかを考えること**

**販促のチラシを作ることになった
企業の担当者
（営業企画やマーケティング部門）に、**
どんな項目を集めればいいかを
教えている

> 対象者だけ見るとニッチすぎてあまり役に立たないと思っても…

彼らは何に困っている？

- **伝えたい人がいる**
- **伝えたいことがある**
- **伝わる情報の取捨選択ができなくて困っている**

> 悩みごとを考えてみると多くの人にあてはまる

**同じことで困っている人は企業の
チラシ担当者のほかにいる？**

- **趣味のイベントチラシを作りたい人**
- **フリーランスでイベントや商品を売りたい人**

> より一般的な形でサービスを提供できる

る人に限らないとわかるはずです。営業企画の人にも限らないし、マーケティングの人にも限らなくなり、多くの人に当てはまるようになります。

その次のステップとしては、「同じことで困っている人は、いままで対象だと思っていた人のほかにもどこかにいないかな？」と考えます。

そうすると、たとえば趣味のイベントチラシを作りたい人がいるかもしれないし、フリーランスでイベントや商品を売りたい人がいるかもしれません。

あとは、私のように『朝活手帳』など、特定の商品を売りたい人もいます。『朝活手帳』を多くの人に知ってもらうためにチラシがあったらいいなー、ほしいな、わかりやすいチラシがあったら作ってほしいなーと思います。

こんなふうに、対象者が何に困っているのかを考えることができると、自分のやっていることがニッチすぎるとか、大したことないなと思うのではなく、広く価値があることだと認識を変えることができます。

対象の人と同じようなことに困っている人がほかにもいないか？を考えてみましょう。

週末アウトプット1時間コース②

人に言われた「私はそんなんじゃない」をいったん受け入れてみる

アウトプットにチャレンジすると、自分が誤解されていると感じる反応を受けることもあります。「私はそんなんじゃないのに」とムッとするときもあるかもしれません。

でも、自分の魅力は実際、自分自身ではわからないものです。

本意ではない反応を受けたときこそチャンスです。**本当の私はそうじゃない！　と否定したり、あがいたりするのを一回やめてみると、意外とうまくいくことは多いです。**

たとえば「真面目そう」とよく言われて、本当に嫌だなーと思っているとします。本当はそうじゃないのに、ぐうたらなのに、いつも真面目そうと言われて、「いやいやいやいや……！」と否定から始まって、そこから話に入る、みたいなことってよくありますよね。

でも真面目そうに見られるって、そんなに悪いことでしょうか？

そう見られてるんだ！　とわかれば、その「見られ方」を最大限に活かす方法でアウトプットして動いたほうが、エネルギーもかからないし、いいと思いませんか？

たとえば、真面目を極めてみたらおもしろいかもしれないし、真面目そうな見た目のまま、中身が変だったらおもしろいかもしれないですよね。**自分では「嫌だ！」と思っていても否定から始めるのではなく、どう活かそう？　という意識を持つ**と世の中の見方も変わるし、人生も楽しくなるので、ぜひやってみるといいかなと思います。

それでも、どうしても、「それはホントの私じゃない！」と思って、モヤモヤが消えない、絶対に変えたい！　と心から思うのであれば、アウトプットを変えるのみです。

本当の私と、人が認識している私がズレている原因は、単なるアウトプットのまずさだけ。それだけの問題なんです。

アウトプットのまずさは練習で改善することができるので、やればいいだけです。

ズレていて誤解されていて、それがもし苦しいと思うのなら、まずは、自分が思っている自分と、相手が思っている自分のズレを調整するところから始めましょう。具体的には、文章、プレゼン、見た目、髪型などを、変えたい自分に近づけていきましょう。

「○○さんらしい」を最大限に活かす方法を考える

周囲からの印象を「違うのに」も含めて最大限に活かすためには、具体的に次の2つを考えてみましょう。

1　○○さんらしいね、○○さんっぽいと言われたことがある行動・発言
2　私っていつもこうだ……と落ち込むこと

1つめは、「○○さんらしいね」とか「○○さんっぽい」と言われたことがある自分の発言や行動を具体的に思い出して箇条書きにしてみてください。

箇条書きしたことについて「違うのに」とか「私はそんなんじゃない」と否定したい気

分になった場合は、周囲に自分を十分にアウトプットしきれていない可能性があります。

ちなみに、出していないのがダメなわけではないです。ズレが魅力になる場合もあります。「違うのに」と思ったことを「そう思われてるんなら、逆にこれをアウトプットに使えないかな？」と考えてみるのもひとつの手です。

たとえば「あざとい」という言葉が嫌いなのに、いつも人から「あざとい」と言われてしまう。「あざとい」と思われたくないから「あざとさ」を消そうと思っても、匂い立つ「あざとさ」がどうしても隠せないのが悩みだとしますよね。

だとしたらその「あざとい」と見られることをいったん受け入れてみてはどうでしょうか。実際、あざとさ全開にすることで、ブレイクした芸能人はたくさんいると思います。そんなふうに、「違うのに」「私はそんなんじゃない」と思ったことも、まずは**「そう見られているんだな、なるほど」と、受け入れてみましょう。**

次に、「私っていつもこうだ」と落ち込むことを思い出してください。自分が本当に嫌だなあと思っていることでも、ほかの人にとってはうらやましいことはたくさんあります。たとえば自分は器用貧乏だから、そこがすごく嫌だなーとずっと思っていた人がいたとしましょう。

でも、その**器用貧乏なところがうらやましい人も絶対いるんです。**

私は一つひとつしかできないし、これ1本でしか生きていけないのに、いろいろなことをそこそこの労力でできるなんて、いいなーと思っている人に向けて有意義なアウトプットができる可能性があります。

なので、周りからのインプットを得るためにも、**私っていつもこうだ、と落ち込むことをまずピックアップしてみる**のもいいですね。

そのためのヒントとして、前述の2つのことを書き出してみましょう。書き出したものを周りの人に見てもらうと、新たな意見をもらえて気づきがあるはずです。

マウントは相手への「親切」だと捉え直す

身内ではない外側の人にあなたの考えを聞いてもらうためには、「これを言う資格がある私が、あなたにメリットがある話をします」と最初に言う必要があります。でも、恥ずかしいから、言うまでもないから、最初に言うと宣伝みたいに思われるから、と多くの方は最初に言うのをちゅうちょしてしまいます。

私が主宰する「朝キャリ」では、月間1300万PVの朝のポータルサイト「朝時間．jp」内で、メンバーがリレー連載を行なっています。先日、メンバーの発信で気になることがありました。

メンバーの中で、池上彰さんのようにニュース解説の活動をしている方がいらっしゃいます。自分のニュース解説のインスタグラムで定期的に情報発信しているのにもかかわらず、インスタグラムの紹介を投稿文の最初にしていませんでした。

がんサバイバーで、若年性がん患者支援のボランティアをしている人が、そのことを記事のタイトルや冒頭に入れないまま、文章をスタートしていました。

開業医だからこそわかる専門知識があるはずなのに、朝活の個人的な体験談だけを伝えようとしていました。

ほかには、執筆テーマに沿った音声配信をしているのに、最初にそれを伝えない方もいらっしゃいました。

また、管理栄養士だからわかる、すっきり目覚める夕ごはんの工夫を書いているのに、「管理栄養士」をタイトルに入れていないこともありました。この方の場合、当たり前だと思って省略していたり、管理栄養士の資格に価値があると思っていなかったようです。

自分が持っている知識を相手にシェアする場合のアウトプットでは、「これを言う資格がある私が、あなたにメリットがある、この話をします」と最初に言うことで話を聞いてもらえるようになります。

あなた自身が勉強会に参加したり、本を立ち読みしたりなど、まだ予備知識がない相手から何か新しい情報をインプットしようとしたときのことを考えてみてください。

タイトルや本文で、自分に関係がある、信頼できることが書いてありそうと感じてはじめて、「行ってみようかな」「読んでみようかな」となります。

ですから、「身内ではない外側の人に知ってもらう」目的を考えると、冒頭にこの話がないのは致命的にダメなことがわかると思います。

皆さんの話をよく聞くと「え？　すごい！」と思うことがいっぱいあるのに、全然言わないんですよね。**「わかる人にわかればいい」と思っていると、いつまでもわかってもらえないので、しっかりとマウントを取るつもりで伝えることが大事です。**

ですから、「これを言う資格がある私が、あなたにメリットがある、この話をします」と最初に伝えて、そこからどう文章を書いたり話したりするかを、自分の実績を踏まえて考えてみましょう。

心理的に抵抗がある場合はチャプター2でも述べた「○○な私が通りますよ」と考える方法も試してみてください。

週末アウトプット半日コース❶

自分の「すごさ」を最初に伝えられない3つの理由を排除する

前節で「これを言う資格がある私が、あなたにメリットがある、この話をします」を最初に伝えるべきだとお知らせしましたが、自分の「すごさ」をなかなか最初に伝えられないのには理由があります。大きく次の3つです。

1　心の矢印が相手ではなく、自分に向いている（自分よりもすごい人がいるのにえらそうに言えない……）

2　自分の中で当たり前すぎて、うっかり言うのを忘れている（例：管理栄養士です。医師です。お子さんに、ではなく「小学校低学年に教えています」。など）

3　みんな自分の文章をしっかり最後まで読んでくれるはず、自分の話を聞いてくれる

はずと信じている

1の「心の矢印が相手ではなく、自分に向いている」は、「自分よりもすごい人がいるのにえらそうに『私が教えてあげますよ』なんてとても言えません」と思ってしまうことです。これは謙遜に見えて、結構傲慢だなと私は思っています。なぜなら、大御所と戦おうとしているわけだからです。

大御所のその人に比べて、私はダメだ、と思っていたら、大御所レベルにならないと何にもできないことになっちゃいますよね。でも、**別に大御所と戦って大御所を負かす必要はないんです。自分の体験が、困っている誰かの役に立てばＯＫです。**なので、困っているその人だけ見ればいいいんです。大御所を見る必要は全然ないのです。

2は、「自分の中で当たり前すぎて、うっかり言うのを忘れている」ものです。

先ほどの例だと、管理栄養士ですと伝えなかったり、医者ですと伝えなかったりすることです。ほかにはたとえば、「お子さんに向けて英語を教えています」というのも伝え足りません。「お子さんに向けて」と言うだけだと、「え？　お子さんって、何歳までなんだろう？」と、受け手があれこれ想像しなければいけなくなり、負担が増えます。

何歳までか、どんな状態のお子さんかなど、対象を絞ってアウトプットをしないといけません。「小学校低学年に教えています」など、具体的に説明する必要があります。

対策としては、**うっかり言い忘れてしまうことを防ぐために自己紹介として自分の中でテンプレート化してみる**ことです。自己紹介の方法についてはチャプター4でも紹介しているので参考にしてみてください。毎回「しつこいかな」と思うくらい、繰り返し言うようにしてみてください。

3は「みんな自分のアウトプットをしっかり最後まで受け取ってくれるはずと信じている」ことです。

あなたも電車移動中などに、SNSを見るときがありますよね。おもしろそうなタイトルだけクリックして読むし、自分に関係ないと思ったら途中で読むのをやめるはずです。YouTubeも、つかみがおもしろくなければすぐにほかの動画にスイッチしますよね。

人は、よっぽど大好きな人のアウトプットでない限り、最後まで読みませんし話を聞きません。ですから、冒頭で勝負は決まります。最初のところで読んでもらう工夫をすることが大切です。

自分のアウトプットが、3つのどれかに当てはまっていないか？　チェックしてみましょう。

週末アウトプット半日コース❷

繰り返し何度でも言い続けたいことを見つける

ブログ・SNSなどのアウトプットでよくある悩みとして、同じこと、わかりきってること、誰でも知っていることを何度も書いているように思われるんじゃないか、くどい！と思われるんじゃないかと思うと、しつこく書けない、というものがあります。

結論から言うと、**「くどい上等！」です。**

何度でも何度でも、同じことを伝え続けましょう。

なぜなら、まだアウトプットを始めたばかりのあなたのことなんて、そんなに細かく見続けてる人はいないからです。もし見続けている人がいたら、家族かストーカーです。皆さんは、家族やストーカーに向けてアウトプットしているわけじゃないですよね。そうであれば、しつこいと思われることを恐れないマインドが大事です。

「何度も同じことを書いてはいけない」と思うと肩に力が入り、気軽にアウトプットできなくなります。また、自分にプレッシャーをかけているため、逆に自意識過剰なアウトプットになります。たとえば、「これについてはもう書いたので、ここを読んでください」というふうに、読者に指示するような表現になってしまいがちなのです。

相手との信頼関係ができていたら、「ここを見て」と言われたら「見たほうがいいんだな」と読者もわかってくれますが、なんとなく読み始めた人にとっては、ただの傲慢に見えてしまいます。「なんで、あなたに指示されないといけないの」と、モヤっとします。

自分としては傲慢なつもりは全くなく、書いている側としては、「こっちを見ればより理解が深まる」とわかっているから親切心で言っているのですが、逆に親切心とは真逆なように見えてしまうので気をつけましょう。

はじめての読者がわかるように何度も書くことが大切

同じようなことを書く、といっても、コピペでない限りニュアンスは少しずつ違ってきますよね。そうであるなら、「関連でこんな話も書きましたので、ついでにどうぞ」「興味があればこんな視点でも書いています」と書けばいいだけです。

ただし、「前にも書きましたが」「何度も言っていますが」で始まると、この人、言い訳ばかりだな、と思われます。最初に言い訳されると、なんとなく気持ちが萎えませんか？「じゃあ、やめよう」と思われたら嫌ですよね。

繰り返しますが、**「前にも書いた」ということは、逐一あなたをチェックしているストーカーか家族にしかわかりません。**

普通の人にとって情報は流れていて、皆さんのアウトプットを端から端まで全部見続けてる人なんていませんし、「はじめて見る」人もたくさんいます。いつも見ている常連さんに向けて書くのではなく、初見の人でもわかるように書くことが大事です。

プレッシャーに潰され、書き続けられずに更新ストップになってしまう場合、その原因はたいてい自意識過剰です。

言い訳を書いたり、「ここ読んで！」と指示したりするばかりだと、書いていても楽しくないですし、全然違う話を書かなきゃいけないと思って頑張るといずれネタが尽きて、続けたいと思わなくなり、習慣化が難しくなります。

せっかくアウトプットを始めたのに、書き続けられずに更新ストップ、となるのは、本当にもったいないです。

むしろ、**何度でも言いたくなること、あきらめたくないことを発信してこそ言葉に力が宿りますし、それこそが「だし」なのです。**

何があっても変わらない普遍的なものだったり、本気でこの提案で人生が変わると思っていたら、飽きずに懲りずに何度でも言うようになるのは当然です。

私が15年以上、ずっと同じことを言い続けているのも、このような理由からです。

自分の考えを気軽にアウトプットできる時代に、アウトプットできないことは相当な損失です。毎日新しい視点を入れることはどんな超人でも無理です。**「毎日違うことをアウトプットする!」と思わず、同じことを違う角度で書くようにしていきましょう。**

同じことを言い続けていたとしても、人それぞれ、気づきのタイミングは違います。

たとえば、私は15年以上、早起き、習慣化、キャリアについてお話ししていますが、5年ぐらいおつきあいがある方から、最近になって

「目からウロコが落ちました」「新しい発見でした」

と感想をもらうことはしょっちゅうです。ニコニコしつつ、心の中で「それ、あなたに5年前から言ってますけど……」というようなことも多々あります。

このように、**5年前から言っていても気づけなかったことが、5年後に「あ！　こういうことだったか！」とわかることもあるのです。**ですから、その人にとって適切なタイミングで気づけるようにするためにも、同じ本質を手を替え品を替え、シチュエーションを変えて、しつこく伝え続けることがすごく大事です。

これは、アウトプットに限らず、部下の教育や子どもの教育、家族の説得についても同じです。1回言ってダメだったからとあきらめるのではなく、いろいろな表現で、さまざまなアプローチをしていきましょう。

具体的には、チャプター4で作った「人生年表」「自分経営理念」を見直してみて、何度もしつこく動いていること、思っていることを見つけてみましょう。人生の岐路でどう動き、どんな信念を持つに至ったかは、人生年表に現れるはずです。

会社のリソースを使って自分の野望を叶えるつもりでアウトプットする

将来叶えたい目標や夢があるが、いまの仕事とは接点はなく、仕事へのモチベーションが湧かない。でも、継続的な収入のためにいまは会社を辞めるわけにはいかない。そんなときは、「会社での仕事を通じて、自分の夢を叶えていくにはどうしたらいいか？」を考えてみましょう。

朝キャリメンバーのWさんは、勤務先の社内研修プログラムとして茶道を導入すべく奮闘中です。茶道と全く関係のない職種で管理職として活動されていますが、プライベートで茶道を学び続けていて、いずれは茶道の道で身を立てたいと活動をしています。

そんなWさんは茶道が会社の組織作り、チームの一体化に効果があると感じているため、茶道研修を社内に導入する道を模索していますが、悩みが生まれ、次のような相談を受けました。

「社内で休日にお茶会を開催し、好評でした。次は部内に活動を広めたいと思い上司に相談したのですが、『休日開催は規定上難しいので、支社内でお茶を一服してから仕事をスタートするところから始めてみては？』と言われました。それではただの趣味イベントで終わってしまう懸念があり、意味がありません。これからどうしようか悩んでいます」

ここでのWさんの心配事は、大きく次の2つです。

- **茶道が仕事（組織作りやチームの一体化）に役立つと本気で思っているのに、会社から趣味にうつつを抜かしていると思われているのではないか**
- **土日を潰してまでする価値がないものだから、体よくあしらわれたのではないか**

まず、会社から、趣味にうつつを抜かしていると思われているのではないかというお悩みについて。これは、アウトプットの方向によってはそういうふうに思われる可能性もあります。なので、そう思われないように対策を進める必要はあると思います。

そしてもう1つが、土日を潰してまでする価値がないものだから、体よくあしらわれたのではないかという心配です。

こちらについては、そういうわけでは決してないと察します。

ご存知のように、土日で研修をすることは、いまは働き方改革的にNGだからです。「茶道だからダメ」や「趣味ではなく本業を頑張れ」と言われたわけではありません。

ですから、**どうしたら平日に開催できるようになるかを、ビジネス的に役立つ要素を加えて提案することが大事です。**

対策としては大きく3つあるのではないでしょうか。

1　上司のアドバイスをまずは本気で実践する

2　茶道が会社の組織作りに役立つという実績をこれから作る

3　社内での「茶道」ブランディングを進める

1つ目は、上司のアドバイスをまずは本気で実践するということです。

「お茶を一服して仕事を始めるところから自身の部署内でやってみて」と言われたのなら、その提案がちょっとイマイチだな、とか、ただの遊びになっちゃうなと思っていたとしても実践しましょう。**上司のアドバイスを実践しないまま、ほかの新しい提案をしても、おそらく受け入れられない**からです。ほかのことをやろうとしても「これすらできないのなら、ほかのものもできないよね」と言われてしまうのではないでしょうか。ですから、上司の提案を本気で実践することが大切です。

でも、普通にやってしまうと、やはりコーヒータイムのようになってしまうので、「一服イコールただのリラックス」と、もし上司が思ってるようであれば、そうではないことをどう示すかを考えます。

たとえば、**まず一服してから仕事をスタートすることには、どういう科学的な効果があるのか、いわゆるエビデンスを示します。たとえば「朝の一服で会社のチームが一体となる」などのエビデンスがあるなら、それを根拠に、「朝の一服」のプログラム化を進めていく**必要があります。

そして2つ目が、茶道が会社の組織作りに役立つという実績が、やっぱりまだ足りないですよね。いまはそれで仕方がないと思いますが、ただの趣味活動で終わらせずに、支社から営業部へ、茶道活動が拡大していくためには、やはり、**会社の役に立つ、より具体的には、会社の業績アップのために茶道がどれだけ役に立つかをわかってもらえるように設**

計していくことが大切です。具体的には、会社とか、部内の中長期計画達成のために茶道視点でどう貢献できるか？　を本気で考えてみることが大事かなと思いました。

そして3つ目が、社内で自分の「茶道」ブランディングを進めることです。

会社の人に「あの人から茶道を取ったらもう何も残らない」と思われるくらいブランディングすることです。**「茶道バカ」と思われてもいいぐらい、振り切ってみてはいかがでしょうか。**

たとえば社内プレゼンでも、事例を茶道の例をあげて説明する感じです。「和敬静寂」の視点で言うと……、千利休が言うには……と、いったように、全部事例をこじつけましょう。

そういうふうに**すべてを茶道の精神につなげたアウトプットを始めていくことによって、「あ、この人本気で茶道が仕事に役立つと思っているんだ」と、いい意味で変態扱いされるようになります。これが「だし」です。**

このように、3つの方法を実践して本気を見せつけてしまいましょう。

会社の仕事も、自分の野望も地続きで考えればいまの仕事も楽しくなります。

公私混同も、会社の役に立っていれば問題なし

このような話をすると、会社で「公私混同」しちゃっていいの？　と思う方もいらっしゃるかもしれませんが、私の意見としては、公私混同、大いに結構です。ただし、これには条件があります。「会社の役に立っていれば」問題ないです。

自分の野望のためにどんどん会社を使いましょう。ただし、アウトプットに工夫が必要なので、戦略を練る必要はあります。「私はこれをしたいんだ！」の主張だけだとダメです。前述のWさんの例でも、「私は将来、茶道の道で独立したいから、茶道を研修としてやりたい」と言っても、「はあ？」と思われてしまうことはわかると思います。そういう伝え方はゼッタイにダメです。

会社にとってこれをしたほうがお得ですよ、という文脈で進めていく必要があります。茶道をどういう切り口で社内導入したら、会社に利益をもたらすか？　この視点でどんどん考えていきましょう。

たとえば、マインドフルネスの観点から会社の生産性向上に役立つかも、とか、チームビルディングの視点で茶道の心を導入したらいいかも、というアイデアが浮かぶはずです。工

夫の余地があると思いますし、成功すれば、今後独立を考えたときに、会社員をしながら社内研修として茶道を導入して会社の利益につながった、という実績になります。ハクがつきます。

また、外資系など、日本文化や和の心に興味がある企業なら茶道の導入もスムーズかもしれませんが、理解がある企業ばかりではないので最初はなかなか難しいかもしれません。しかし、そこをどうやって頑張るかの創意工夫は、絶対に茶道の道で独立したときの糧になります。いまの創意工夫が、**いずれその道で独立したときの糧になるのです。**

このように、いろいろな工夫をする環境があって、仕事で給料をいただきながら自分の将来のための準備、修業ができていると思ったら、会社員であることをありがたく感じることができます。**会社のリソースを活用しながら、どうすれば会社から奪えるかではなく、会社にとって自分自身が利益を与える存在となれるのかを考えていきましょう。**

やりたいことを会社の利益につなげる

前節では茶道を事例として紹介しましたが、ほかにもこんな感じで会社のリソースを活用しようというアイデアを紹介します。

たとえば、コーチングの資格を持っていて、いずれコーチングで身を立てたいという方だったら、部下や同僚との雑談でコーチングの視点を実践してみることができます。自分のコーチング的発言の結果をBefore→Afterでまとめてみてもいいですよね。

あとは、「私、コーチングを勉強してるんだ」といって、社内で無料でセッションを募集したりもできます。そうすると絶対に「受けたい」という方がいらっしゃると思います。セッションの実績を持って、あとで「何人にアドバイスをしました」とアピールもできます。

また、演劇や、エンタメの道を目指しているなら、嫌な上司とか取引先を「敵キャラ」と想像して人物像を作り上げたりもできます。あとは自分自身が女優になったかのように、キャラ変して接してみて、相手の反応を見ることもできそうです。

このように、会社とプライベートはバチッと切れるものではなくて、地続きなのです。**いまの環境をどう活用するか。そして、活用するだけでなく、会社にもしっかり利益を与えるにはどうしたらいいか？　その視点で仕事を見てみる**ことが大事です。

自分が「好き」「こうしたい」と思ったことを、いまの仕事や環境とどうつなげるか？という視点で考えていくと、つまらないと思っていた仕事でも、格段におもしろくなってきます。

自分のやりたいことを会社を使ってできるようになるかを考えるために、次のプチワークをしてみましょう。

1　自分の好きなこと、やりたいことを大小かかわらずあげてみよう

（例：美術館めぐりが好き、食べ歩きが好き、演劇を見るのが好き、将来小説を書きたい、英語の勉強が好き、など）

2

いまの仕事を利用しつつ、今後やりたいことができないかを考えてみよう

（例：会社で美術部、食べ歩き部を立ち上げる、小説のキャラっぽい人を探してみて観察してプロファイリングシートを作る）

3

（余力があれば）自分がやりたいことが会社の利益につながるにはどう提案したらいいかを考えてみよう

（例：趣味の茶道を社員研修として導入する働きかけをしてみる）

マネタイズまでのステップを理解する

アウトプットに慣れてきたら、いよいよ、自分ができることを商品として販売し、マネタイズしてきたいところです。アウトプット開始から認知されて、ブランドになりマネタイズ化までいくためには、ステップがあります。

次のステップを覚えておいて、ステップ通りに、順を追って発信に取り組んでいきましょう。まずはいまどの状態か、そしてどうすれば次のステップに行けるかを考えていきましょう。

マネタイズまでのステップ

1 便利
↓
2 信用できる
↓
3 好き

順番に解説します。

ステップ1▼便利　役に立つ情報を教えてくれている。無料なら情報を得たい

ステップ2▼信用できる　この人の言うことなら信用できそう、商品を買ってみても（お金を払って話を聞いてみても）いいかも

ステップ3▼好き　この人の言うことなら間違いない、この人の生活を知りたい、いろいろ買いたい

ステップ1が「便利」です。まずは、便利で役に立つ情報を、この人だったら教えてくれると思われ

ステップ1
便利
役に立つ情報を教えてくれている、無料なら情報を得たい

ステップ2
信用できる
この人の言うことなら信用できそう、商品を買ってみてもいいかも

ステップ3
好き
この人の言うことなら間違いない、この人の生活を知りたい、いろいろ買いたい

ることです。この段階では、無料なら情報を得たいという人が増えます。

次に**ステップ2**です。「便利」段階を乗り越えられたら、「信用できる」段階です。しばらく情報をインプットしてみて、この人の言うことなら信用できそうだから、商品を買ってみてもいいかもしれないな、お金を払って話を聞いてもいいかも、と、少し心が動いてくる。そんな段階です。

そして最後に**ステップ3**の「好き」になります。この人の言うことなら間違いない。この人の生活を知りたい、いろいろ買いたい、と思ってもらえるようになります。

まずは、ステップがあることを理解したうえで、最初は「便利」にとにかく徹する。ここに徹して、「信用できる」と思ってもらえるまで、アウトプットを続けて、積み上げていくのが大切です。

便利と言うと、便利屋みたいでちょっと嫌だなと思うかもしれませんが、**まずはアウトプットを見た人に喜んでもらえることが、すなわち便利な存在ということです。**そこは誤解しないでください。

日々の生活を「だし入り」で見て考えて、発信する練習を繰り返す。

それができれば、だんだんブランドはできてきます。

専門分野がまだ定まっていない場合は、コミュニティ内や会社内など、身近な人たちの中で役立つ存在になることをまず目指してみましょう。そのことによって、どんどん発信がつながって、やりたいこと、ビジネスにつながる道筋ができてきます。

アウトプットをいずれマネタイズしたいなら、ステップは死守

アウトプットをいずれビジネスに活かし、収入を得られるようになりたいと思うのなら、前節のステップは死守しましょう。

自分がどの段階かを理解しておくことは大切です。**「便利」を追求する段階でセミナーやブログの宣伝を始めると、信頼を損ねてしまいます。**

「この人の投稿は、宣伝ばっかりだから見ないようにしよう」

「この人にはコメントを書きたくないな」

と思われてしまいます。そうならないためにも、まずは「便利」と思ってもらえるために、どれだけ情報をアウトプットして、周囲の役に立つ存在になるかを考えてみましょう。

ただし、まだ自分はアウトプットに慣れる段階だとわかっている場合は、この順番で絶対やらなきゃ！　と思うと、逆にできなくなってしまうので、最初は自由な順番でもＯＫです。だんだん発信に慣れてきて、何かビジネスに活かしたい。そう思ったら、この順番はぜひ守ってください。

ほかにもよくやってしまいがちなアウトプットは、何気ない日々の生活や愛用アイテム紹介です。ハッキリ言って、これがＯＫなのは芸能人と文化人だけです。厳しい話をすると、あなたを知らない人は、誰もあなたの日々の生活に興味はないんです。家族とか友人といった、「身内」に向かっての発信交流なら全くかまわないのですが、**ビジネスに活かしたいと思うのなら、日々の生活日記は全く必要ありません。**

おそらく、この本を読んでくださっている多くの方は、アウトプットをし始めたい、と思っている方なので、いまは「便利」の段階だと思います。**ブログやＳＮＳでは、「便利さ」をどれだけ発信できるか。ほかの人に便利な存在だと思ってもらえるか、まずはそこを意識してみてください。**

話す「だし」がわからない人はコミュニティの力を借りる

まだ自分の「便利」や、専門分野が定まっていない方は、会社と家の往復ではない、第三の場としてのコミュニティの力を借りるのをおすすめします。237ページでも紹介した、アウェイの環境でアウトプットしてみて、反応を見てみましょう。

また、所属するコミュニティの皆を喜ばせるために、いま私が持っている情報、スキルで何かこの人たちに役に立つことはないかな？　と考えてみましょう。

その視点で徹底的に考えてアウトプットすると、**コミュニティ内で「この人はこういう人だよね」と思ってもらえるようになります。これが「だし」の種です。**それがやがて信用、好きにつながってきますので、そこからまず第一歩を始めてみましょう。

自分がお役に立てる情報を箇条書きでリストアップしてみるのもいいですね。専門分野がまだ見つかっていない方は、好きで詳しいことでも全然かまいません。

たとえば映画好きだったら、おすすめ配信映画リストが作れますとか、食べ歩きが好きだったら○○界隈のランチだったら任せて！　モーニングなら任せて！　みたいなことです。とにかく、まずは「便利」に徹することです。

「商売＝悪と思う気持ち」はいまのうちに克服しよう

- 会社員をしながら複業を始めたい
- いずれ小さくてもいいから独立したい
- でも、自分が商売っ気を出していると周囲に思われたくない
- カネカネ亡者みたいな人と一緒にされたくない

こういった、相反する気持ちになることがありますよね。

会社員をしながら小さく事業を始めていって、ゆくゆくはその事業一本で行きたいという方にコンサルティングをしたときの話です。最初に、理想だと思う人を何人かピックアップをしてもらいました。理想だと思う人の共通点は何か聞いてみたところ、次の答えでした。

- **商売っ気がない人**
- **儲けようとしていない人**

ここで皆さんに質問があります。**商売っ気がある、儲けようとしている。このことは果たして悪なのでしょうか？**

商売は、努力や創意工夫が、感謝としてお金の形で返ってくる循環です。サービス提供の裏には、原価のほかに努力の積み重ねがあったり、いままで数十年かけて培ってきた創意工夫も含まれています。なので、当然原価では出せません。原価でサービスを提供していては事業は継続できないですよね。

つまり、**商売はボランティアでは続けられない**わけです。**いずれ自分のアウトプットをビジネスにつなげたいのであれば、「儲けることを嫌だと思う気持ち」を克服する必要があります。**

この方は、これから事業を本格化していきたいという気持ちがあります。それなのに、商売っ気がない人を理想に掲げていて、本当に大丈夫かな？　と、少し心配になりました。

もちろん、会社員の収入がメインだったり、何か永続的に収入が入る形がすでにあって、趣味で月に数万円レベルの収入がほしいのであればそれでもかまいません。

でも、この方はそれ一本で立っていくことを目指しているわけです。あなた、霞を食べて生きていくつもりですか？　と、感じてしまったのです。

同じように考えている方は、会社員だと特に多いです。なぜなら、**時給いくら、1日いくらで、工夫しようがしまいが一定の収入が保証されている場で働くことに慣れているからです。**

商売っ気がない人に惹かれる気持ちは、私も会社員だったので、とてもよくわかります。まず、自分の労働に自分で値段を決める経験がない、もしくは少ない方がほとんどです。そうすると、自分の直接の市場価値が全然わからないんです。働きがいくらになっているか、時給としては計算している方もいるかもしれませんが、なぜその時給になっているか、そこまで考えたことがない場合が多いのです。そうすると、**商品サービスがここまでに至った過程をなかなか想像しづらいんです。**

想像できないと、実際に目に見えやすいところで判断するしかありません。たとえば、時給や原価です。そこだけで計算して判断しがちになってしまいます。その結果として、時給とか原価より高いものに敏感に反応してしまって、「この会社は不当に儲けようとしている！」「搾取だ！」と、過剰反応してしまうんですよね。

実は相手や自分の価値に敬意を払わないままだと、巡り巡って自分に都合が悪い真実が訪れます。**お客様の笑顔が原動力です！　とか、原価率無視で頑張ってます！　とアウトプットしていることになるので、あなたの労力を価値と感じずに無料で搾取するような「クレクレ星人」を引き寄せることになってしまう**んです。「ひとりブラック企業」になって不満を抱えるようになりたくなかったら、相手の価値と自分の価値に敬意を払えるようになってください。

お客様の笑顔が原動力です！

原価率無視で頑張ってます！

というのは、美徳でもなんでもありません。自分が自分をないがしろにしていると、疲弊するだけで仕事をしていても楽しくなくなります。それはちょっとおかしいですよね。

頑張りを正当に認めてもらえるようになるためにも、相手の価値とか自分の価値にぜひ敏感になってください。

週末アウトプット半日コース❻

相手の価値&自分の価値に敬意を払えるようになる思考を身につける

では、具体的に相手の価値、自分の価値に敬意を払えるようになるにはどうしたらいいかについて解説します。

3つあります。

1 **自分の「営利目的を嫌がる気持ち」の根源を知る**
2 **相手が努力してきた時間を買って投資することに慣れる**
3 **お友達価格に甘んじることなく、正規料金を支払うクセをつける**

相手の価値&自分の価値に敬意を払えるようになる方法：その1は、まず「自分の『営利目的を嫌がる気持ち』の根源を知る」ことです。

商売っ気があるとか、儲けようとしていることがなんで嫌なのか？　そこを、もう少し詳しく掘り下げてみましょう。

商売っ気があるもの、儲けようとしているものが全部嫌いなわけではないはずです。「この部分が嫌だ！」という細かいピンポイントがあるのではないでしょうか。そこを見ていきましょう。

たとえば、不当に搾取している人が嫌なのか？　無料で得られる時代に法外な値段をつけている人が嫌なのか？「ここから先は有料」とあった場合、有料のタイミングが嫌なのか？　そもそも、なんで「ここから先は有料」と書かれるとすごく怒りを感じるのか？　そういうところを細かく見ていくと、**儲けようとしている人全員、全部の部分が嫌なわけではないってことがわかってくる**と思います。これがわかると、「全部ダメだ！」とシャットアウトするのではなく、うまく商売をしてる人を分析できるようになります。

その結果、**「ここは嫌なんだけど、ここは真似しよう」と、ニュートラルに戻ることができる**ようになります。

次に、相手の価値&自分の価値に敬意を払えるようになる方法：その2、「相手が努力してきた時間を買って投資することに慣れる」についてです。

先方が努力してきた時間をお金でショートカットできるのは投資の一環です。

つねづね私は「時間は命」だとお伝えしています。相手が試行錯誤して得た何十年の知見を○○円で買えて、その情報があれば投資分を回収できるのであれば、決して高くないですよね。むしろお得な投資がたくさんあります。**額面だけで見ると何万円とか何十万円だとしても、何万円、何十万円で自分がどれだけよくなるか、その変化量が大事**なんです。

そこを見て投資する感覚に慣れるようにしてください。

元が取れるなら値段が高くても「お得」です。

相手の価値＆自分の価値に敬意を払えるようになる方法：その3は「お友達価格に甘んじることなく、正規料金を支払うクセをつける」です。

まず、**プロに対して「友達なんだから安くしてよ」は禁句にしましょう。**

相手がプロで、それを商売としている場合、友達だからこそ、その人の努力の過程がわかっているはずですよね。なので、値切ることを禁止してください。

「安くするよ！」と言われる場合も多いと思いますが、安くしてくれてラッキー！　で終わらせないで、むしろ友達だったら「いやいや、正規で払うよ！」と言って、商売を応援すれば、友達としての友情も深まります。値切らないで正規料金でお願いする。そこから始めてみましょう。

ただし、これには条件があって、相手がプロの場合はのぞきます。**新しいサービスや新規事業のモニターで安くするよ、といったように、相手にも目的があって、あえて相手がそうしている場合は別です。**

ここでの話は、正規の値段がきちんとあったうえで、何か裏ルートで友達だから安い、といった場合の話です。

また、向こうから何かしらの理由があって申し出てくれた場合など、いろいろ例外がありますが、基本的に友達だから値切るということは禁止にしましょう。頑張りを正当に価値として認めてもらうためにも、相手の価値とか、自分の価値に敏感になっていきましょう。

特別付録

週末アウトプットモジュール＆所要時間一覧

書く

話す

作る①

エンタメをインプットしながら価値観を見つけよう

自分の発信の「型」をまず仮決めしてみよう

「だし」入りアウトプットの本丸「人生年表」を作ろう

作る②

「人生年表」ができたら「自分経営理念」に取り掛かろう

3年後の先取りプロフィールを仮決めしよう

まずは「先生ごっこ」のたたき台を作ってみよう

動く

おわりに

「書く」「話す」「作る」「動く」のアウトプットで、私がいままでやってきて効果があった方法を紹介しました。一つひとつはとても簡単で、こんなことで本当に大丈夫なの？　と思われるかもしれません。「こんなやり方だったら私でもできるかも」「私だって、ここから人生を変えることができるかも」と思ってもらえたら嬉しいです。

「墓場まで持って行きたい」と思うほど恥ずかしかったこと、嫌だったことはありますか？私にとってのそれは「ＩＱが低い」と、中学校の先生に言われたことでした。

先生は授業中、周囲の生徒たちを鼓舞するために「千恵はＩＱが低いのにこんなに成績がよくて頑張っている。それに比べてお前らはなんだ」と言いました。

自分にも知らされていなかった「私はＩＱが低い」ということを間接的に知ったショックと、ＩＱが低い私をダシに使われたショックで、私は長年、価値基準を「人にバカだと思われないためにはどうするか」「どうしたらすごいと周囲に思ってもらえるか」に置くようになりました。

ＩＱが知能を判断する絶対的なものではないこと、そしてこれからはＡＩに任せておけばよいのでＩＱの高さなんて意味がなくなること、それよりもほかに大切なものがあることは、いまとなればわかります。でも、幼かった私にはそこまで考えられませんでした。いまの自分じゃダメだから、もっともっと頑張らないと、と、インプットすることに必死でした。何か嫌なことがあると「どうせ私が何もかもうまくいかないのはＩＱが低いからだ」と原因をＩＱが低いせいにしてくすぶりつつも、一方で「ＩＱが低くても自分はできるということをゼッタイに証明してみせる」と、勉強を人一倍頑張ってきました。人が見ていない間に歯を食いしばって努力してやる！　と、「朝4時起き」で人生を変える決意をしました。こうして2回浪人しながらも難関大学に入れたし、周囲に「すごい」と思われるような外資系戦略コンサルティング会社にも入ることができました。

15年以上も前のことです。はじめての著書となる『「朝4時起き」で、すべてがうまく回りだす！』の企画書が通ったのに、1年経っても本の執筆が全く進みませんでした。いいこと、かっこいいこと、うまいことを書こう、「外資系の戦略仕事術」みたいな本を書こうと思うと止まってしまうのです。ＩＱが低いと言われ、2回も大学受験を失敗して、外資系コンサルティング会社にやっと入ったはいいが、花形のコンサルタントでもないし、部署異動の希望を出しても実力不足で却下されるし、特に目立った活躍もしていなかったけれど、何も知らない人から見ると経歴だけで「すごい」と思われている。そんなハリボテのダメな自分にはとても書ける気がしなかったのです。そんなとき、出版の師匠の土井英司さんにこう言われました。

「自分がダメだったこと、書きたくないこと、ずっと隠しておきたいような恥ずかしいことを隠して出版できるほど、出版の世界は甘くない。本を書くには10万字が必要。10万字も書けば、隠しておきたいことはおのずと漏れてしまう。でも出版の世界は、そんな、隠しておきたいような恥ずかしいことで人を勇気づけることができる、すばらしい世界なんだ」

私はこの言葉をきっかけに、ダメな自分をダダ漏れにして、コンプレックス丸出しの部分も思い切ってさらけだそう！　と覚悟を決めました。墓場まで持っていこうと思っていたＩＱの話も書いてみたところ、別に墓場まで持っていこうと思い悩む必要もないほどだったことに気づき、長年のＩＱの呪いから解放されました。本がお陰様で多くの方に読まれるようになり、「これは私の物語だ」「泣きながら読みました」「人生をあきらめるのをやめました」「この本のおかげで人生が変わりました」と言ってくださる方の言葉から、隠しておきたいような恥ずかしいことを必死に隠す必要なんてないこと、ダメなところからの試行錯誤のプロセスをアウトプットすることで、未熟で未完成な自分のままでも、多くの人の役に立てることに気づきました。

ＩＱが高いか低いかで周囲に受け入れられるかそうでないかは決まらないし、頑張っていてもそうでなくても、周囲は変わらず優しいのです。別に「すごい」を突き詰めれば愛されるわけでもなく、むしろダメなところを隠さず、ちゃんと助けを求められる人が愛されるのです。

この経験から私は、自分の自信のなさだけでなく、人間同士の争いや誤解、無理解、いがみ合いは、アウトプット不足が原因だと考えるに至りました。自分の頭の中にある思い込みも、お互いアウトプットを重ね合うことで理解が深まり、考えが変わります。私は、地球上のすべての人類が皆、今回紹介したような「だし入りアウトプット」ができるようになれば、本心のまま生き、それぞれの自分らしさが周囲に理解され、受け入れられ、その結果として、いがみあいや喧嘩が減り、最終的には地球から戦争がなくなり、世の中がよくなると確信しています。

あなただけの体験や考え、試行錯誤のプロセスは、あなたが積み重ねてきた唯一無二の「だし」です。人生ここから変えたかったら、インプットより先にまずは自分の本当の気持ちのアウトプットから始めましょう。あなたのはじめの一歩を、心から応援しています。

最後までお読みくださり、ありがとうございました。

株式会社 朝6時　池田千恵

池田千恵（いけだ　ちえ）
株式会社朝6時 代表取締役。国家資格キャリアコンサルタント。福島県生まれ。慶應義塾大学総合政策学部卒業後、ワタミ株式会社、ボストン コンサルティング グループを経て独立。2009年に『「朝4時起き」で、すべてがうまく回りだす!』（マガジンハウス）を刊行。ベストセラーとなり「朝活の第一人者」と呼ばれるようになる。会社員時代には趣味の飲食にまつわる資格を7つ取得。会社の許可を得た「週末起業」でパンやワイン、チーズの知識を教える先生としても活動。2010年より朝専用手帳『朝活手帳』をプロデュース。15年連続発売の人気手帳となる。2018年より、会社員が自分オリジナルのコンテンツを「教える」ことで本業＋アルファの収入を得られる状態を目指すスクール「朝キャリ」を運営。のべ400名を超えるキャリア相談、アウトプット指導をしている。近著は『週末朝活』（三笠書房）、『ME TIME 自分を後回しにしない「私時間」のつくり方』（ディスカヴァー・トゥエンティワン）。プライベートでは小学生の母。
X、Instagram @ikedachie

朝《あさ》15分《ふん》からできる！　人生《じんせい》が変《か》わる！
週末《しゅうまつ》アウトプット

2025年2月1日　初版発行

著　者　池田千恵

発行者　杉本淳一

発行所　株式会社日本実業出版社　東京都新宿区市谷本村町3-29　〒162-0845
編集部　☎03-3268-5651
営業部　☎03-3268-5161　振　替　00170-1-25349
https://www.njg.co.jp/

印刷／厚徳社　製本／共栄社

ISBN 978-4-534-06160-7　Printed in JAPAN